"乡愁中国"研究丛书

吴春宝 著

乡村振兴中的现代乡愁

理论解读与实践检视

xiang chou

江苏人民出版社

图书在版编目(CIP)数据

乡村振兴中的现代乡愁：理论解读与实践检视 / 吴春宝著. —南京：江苏人民出版社，2023.1
（"乡愁中国"研究丛书）
ISBN 978 - 7 - 214 - 27491 - 5

Ⅰ.①乡… Ⅱ.①吴… Ⅲ.①农村—社会主义建设—研究—中国 Ⅳ.①F320.3

中国版本图书馆 CIP 数据核字(2022)第 165766 号

书　　　名	乡村振兴中的现代乡愁:理论解读与实践检视
著　　　者	吴春宝
责 任 编 辑	陈俊阳
装 帧 设 计	许文菲
责 任 监 制	王　娟
出 版 发 行	江苏人民出版社
地　　　址	南京市湖南路 1 号 A 楼,邮编:210009
照　　　排	江苏凤凰制版有限公司
印　　　刷	江苏凤凰通达印刷有限公司
开　　　本	652 毫米×960 毫米　1/16
印　　　张	12.5　插页 2
字　　　数	162 千字
版　　　次	2023 年 1 月第 1 版
印　　　次	2023 年 1 月第 1 次印刷
标 准 书 号	ISBN 978 - 7 - 214 - 27491 - 5
定　　　价	68.00 元

（江苏人民出版社图书凡印装错误可向承印厂调换）

大理乡愁研究院总编委会

总编委会负责人： 杨国宗　赵凌云　李　涛

总编委会成员： 郝芳华　李　琰　丁中涛　杨泽亮

徐　勇　查道林　李跃兴　何志魁

赵栋新　李　欣　陈军亚　符　平

序　言

　　2015年1月,习近平总书记考察云南,在大理市湾桥镇古生村作出了"留得住青山绿水,记得住乡愁"的重要指示。为深入贯彻落实习近平总书记关于乡愁的重要指示精神,积极探索习近平总书记关于乡愁重要论述的理论研究,打造乡愁实践样本,2020年7月,大理白族自治州、华中师范大学、大理大学,提出在大理合作共建"大理乡愁研究院"的构想。在合作三方的共同努力下,2020年8月,大理乡愁研究院正式挂牌成立。

　　大理乡愁研究院自成立以来,在中共大理州委州人民政府、华中师范大学、大理大学的共同支持下,通过发挥合作三方的各自优势,立足乡愁理论研究、乡愁大理建设、助力乡村振兴等重点工作,在标识性的乡愁理论体系构建、品牌化的大理实践提升等方面进行了初步的探索与创新,并取得了显著成果。作为初步探索、长期目标,研究院于2021年8月26日,以线上线下相结合的方式,成功举办"2021乡愁中国·大理论坛"。"乡愁中国·大理论坛"的举办,进一步宣传和深化了习近平总书记关于乡愁的重要论述,提升了大理作为乡愁之地的标识度、知名度,深化了省委、省政府提出的"打造中国最美乡愁带"的理念,向世界充分展示了"乡愁中国·乡愁实践"的大理样本。

　　开展乡愁理论研究、打造乡愁实践样本、助力乡村全面振兴，是大理乡愁研究院承担的一项重大任务。研究院的科研团队始终秉承深耕农村，扎根田野，将论著写在中国大地上的治学精神，在华中师范大学政治学世界一流学科建设的项目支持下，在深挖大理及其他地区的乡愁实践经验的同时，对乡愁进行了立体化的拓展式研究。乡愁理论研究书系的顺利出版便是乡愁理论研究的初步成果。这是研究院共建三方通力合作、携手努力、集体攻坚而取得的。该书系的出版不但深刻阐释了习近平总书记关于乡愁重要论述的理论内涵，而且为破解乡愁这一世界性难题，提供了大理样本、中国经验。由此，这具有重大的理论价值与现实意义。

大理乡愁研究院

2022 年 5 月

目　录

第一章　现代乡愁：乡村振兴的内生资源

　　2017年10月18日，习近平总书记在党的十九大报告中指出，"农业农村农民问题是关系国计民生的根本性问题，必须始终把解决好'三农'问题作为全党工作的重中之重，实施乡村振兴战略"。自此，乡村振兴上升为国家战略。乡村振兴战略的实施是事关全面建设社会主义现代化国家的全局性、历史性任务。然而，乡村振兴是一项系统工程，"既要塑形，也要铸魂"。农村是我国传统文明的发源地。因此，从文化基因入手，不断挖掘乡村振兴的内生资源，具有重大的现实意义与理论意义。

一、乡村振兴中现代乡愁研究缘起

　　20世纪40年代，面对乡村社会衰败，费孝通先生富有洞见地提出了乡土重建命题。他指出，乡村人才大量流失打破了传统乡村社会"落叶归根的社会有机循环"，越来越多的农民子弟回不了乡村，既是"不愿"，也是"不能"。① 综观当下，自改革开放以来，城乡社会经济虽然飞速发展，但种种迹象表明，我们从根本上仍面临着这一世纪命题的拷问——

---

① 费孝通：《乡土中国》，上海人民出版社2006年版，第161—170页。

数以亿计的农民子弟乡关何处？又有多少愿意扎根乡土，回归乡里？2021年4月30日，国家统计局网站发布了2020年农民工监测报告。数据显示，2020年全国农民工总量28560万人，其中，外出农民工16959万人，本地农民工11601万人，在外出农民工中，年末在城镇居住的进城农民工13101万人。① 数以亿计的农民工群体被裹挟进工业化和城市化浪潮之中，在经济利益驱动下涌入城市，获取自身发展资源与机会。然而，对流出地农村而言，人口流失导致村庄结构发生根本性改变，使之出现了农村"空心化"，引发乡村秩序、基层民主与社会治理等领域的一系列问题。为有效化解城乡转换所带来的各种矛盾，党的十九大报告指出，"农业农村农民问题是关系国计民生的根本性问题，必须始终把解决好'三农'问题作为全党工作的重中之重，实施乡村振兴战略"。乡村振兴战略的提出，为新时代我国农村实现全面发展提供了根本遵循。

农民是乡村治理的主体力量，然而随着人口外流，村庄原有的治理格局被打破，乡村秩序和运行模式也随之调整。面对现代化的城市崛起，农村不再是一个充满希望和快乐的地方，而只是不得已的栖息之地。② 城乡差别不仅仅是物质差别，更是文化差别。在文化意识形态上，因缺乏传统文化的有效联结，乡村不再是地缘关系为基础、血缘关系为纽带，实现个人价值功能的"差序格局"共同体。在城市文化的强势冲击下，农民的乡土意识也随之弱化，传统习惯规则失效。③ 正因为农村传统文化的凝聚、整合、感化、规范、调节等功能缺失，村庄凝聚力正慢慢被消解，以"礼"治村失去了文化根基，乡村治理便无从谈起，由此引发了一个具有学术价值的现实问题，即在城乡一体化进程中，乡村治理是否需要破旧立新，消除历史遗存，切断城乡联结，使原有生活场景被现代化、一

---

① 数据来源：http://finance.sina.com.cn/tech/2021 - 04 - 30/doc - ikmxzfmk9913976. shtml。

② 徐勇：《乡村文化振兴与文化供给侧改革》，《东南学术》2018年第5期。

③ 刘海军、王平：《共享发展理念下的农村命运共同体建构》，《西北农林科技大学学报(社会科学版)》2017年第3期。

致性的生活方式所取代。2015年1月，习近平同志在云南大理调研时，强调"新农村建设一定要走符合农村实际的路子，遵循乡村自身发展规律，充分体现农村特点，注意乡土味道，保留乡村风貌，留得住青山绿水，记得住乡愁"。[1]习近平同志关于乡愁的论述，内涵丰富、思想深刻，成为我们破解乡村振兴难题的一把中国钥匙。因此，更好地挖掘乡愁多种功能，不断激活现代乡愁的内在价值，服务于乡村振兴战略，能更好地推动农业农村现代化的进程。

二、乡愁的理论意涵

当前乡愁逐渐从充满浓郁感情色彩的文学主题转入学理性研究的一般学术范畴，成为一个被诸多学者关注的核心概念。顾名思义，乡愁因乡而生愁，作为人类所共有的一种情感体验，具有世界普遍性。但随着社会文化的变化，作为一个意义链、复合系统[2]，乡愁内涵与外延也随之发生改变。因此，明晰乡愁的现代意涵及其表达类型，是挖掘现代乡愁内在价值，并服务乡村振兴的重要前提。

（一）乡愁理论的基本意涵

1. 乡愁的内涵研究

在乡愁内涵研究方面，很多学者都从现代化理论视角，将乡愁分为传统和现代两种类型。传统乡愁是指传统社会时期，因离开家乡而产生的对故乡的思念、怀恋之情，是一种个体性的情感。现代乡愁的内涵将其置于城乡关系的背景下加以概括，现代社会转型的背景之下，乡村社会、文化停滞不前或日益衰败，快速发展的城市缺乏人文关怀，人际关系

---

① 王静、吕腾龙：《丰收节里，重温习近平的"三农"情怀》，http://cpc.people.com.cn/n1/2019/0923/c164113-31366862-2.html，2019-09-23。
② 张叹凤：《中国乡愁文学研究》，巴蜀书社2011年版，第56—60页。

疏离，人们的情感需求得不到满足，产生了对过去乡村生活和传统文化的乌托邦式的怀念之情。现代乡愁体现为一种社会思潮，具有怀旧性、反思性，是一种蕴含排斥的期待，呈现出回望过去的形态，反思了现代社会中人们缺少精神归宿的困境，表现出对现代化发展的排斥和抵触，实际则蕴含着现代化过程中人们对人文关怀和情感体验的期待。从乡愁的怀念对象来看，传统和现代乡愁均包含了对旧时或故乡的人、景色、文化习俗三方面的怀念，但这三方面在两种乡愁中所占的比例却不相一致。传统乡愁主要是对家乡亲友同胞的思念，现代乡愁主要是对传统习俗、历史文化的眷恋，两种乡愁包含对故乡环境风貌的思念之情比例相当。叶强将现代乡愁分为城市人和农村人的乡愁，城市人的乡愁指地域文化、城市与建筑形式趋同使城市人对长期或短期生活的地域产生倦怠和麻木的感觉；农村人的乡愁指农村人物质上的富裕没有使其很好地融入城市人的生活中，回到家乡也难以适应家乡的自然和社会环境，陷入两难境地的困境与愁思。① 同样是现代化理论的视角，廖高会将乡愁分为传统乡愁、现代乡愁和后现代乡愁。其将怀旧的乡愁统一归类为传统乡愁；现代乡愁是对传统乡愁的审视与批判，转向对未来家园构建的展望；后现代乡愁在对现代乡愁的反思与批判中形成，其最大的特点是将乡愁包装成商品出售，具有鲜明的消费性。②

种海峰则站在全球文化视野的角度提出了文化乡愁，他认为全球化造成跨文化传播的不对称性，文化同质性构成了对文化多样性的威胁，弱势文化本能开展反击与自卫，中国的文化乡愁就是对中国传统文化的留恋以及对中国现今文化状态的焦虑和关注。③ 聂永乐、郑春等学者从中国近代到现代国家与传统文化命运兴衰的角度指出乡愁是基于人民

---

① 叶强、谭怡恬、张森：《寄托乡愁的中国乡建模式解析与路径探索》，《地理研究》2015 年第 7 期。
② 廖高会：《时间维度下乡愁意蕴的嬗变与叠加》，《理论月刊》2019 年第 12 期。
③ 种海峰：《当代中国文化乡愁的历史生成与现实消弥》，《天府新论》2008 年第 4 期。

希望国家稳定强大、能给自身带来安全感的情感，是实现中华民族伟大复兴的殷勤期盼，是爱国精神的表达。王宗法由小到大，从具体到抽象将乡愁分为小乡愁、大乡愁、文化乡愁三个层次，小乡愁指向家，大乡愁指向国，二者都有明确具体的怀念对象，而文化乡愁指向传统文化，其境界抽象朦胧。[①] 对于乡愁内涵的研究从多领域、多学科、多角度已经取得了十分丰富的成果，经验性的总结和理论性的升华均逐步完善，由于内容庞杂，本文选取了适当的角度对其内涵进行了总结和一般化的梳理，以期针对性地对其内涵进行深入发掘和探讨。

2. 乡愁的生成逻辑研究

在乡愁的生成逻辑研究方面，乡愁的产生需要记忆提供情感基础，进而个体感受信息，触发情感，最后乡愁生成。乡愁作为一种心理情感现象，发生的基础是对故乡的记忆和情感，从情感和人性角度作出研究解释就不可避免。成志芬认为乡愁的生成与个人的生活经验、情感记忆和地方文化认同有关，来源于主体对地方物质环境的身体感知。[②] 美国心理学家费希尔从心理学角度归纳了五种乡愁产生的情况，总结出乡愁源于人性本源的诉求，即人性中对于熟悉环境和经验的依赖，以及对地方群体归属的需要。个体感受和触发机制方面，大部分学者都认为乡愁产生的根源是"远离"和"差异"，包括时间和空间转换带来的距离和异质，这种差异和距离使得人们原有的价值规范或道德标准受到冲击，产生认同危机和无所适从的感觉，乡愁由此产生。一些学者研究了主体的年龄、性格、感情状况以及触发物的特征对乡愁产生的影响，个体属性的差异和触发要素的不同也会对个体感受和乡愁的触发产生影响。国内对于乡愁生成机制的具体研究较为缺乏，需要更加具体、深入地从多个

---

① 王宗法：《论白先勇的文化乡愁——从〈台北人〉、〈纽约客〉谈起》，《台湾研究集刊》2000年第3期。
② 成志芬、周尚意、张宝秀：《"乡愁"研究的文化地理学视角》，《北京联合大学学报（人文社会科学版）》2015年第4期。

角度理清乡愁的生成逻辑。

3.乡愁的功能研究

乡愁的功能研究方面，学者们对乡愁功能看法不一，一些学者认为乡愁是积极的情感要尽力保留，另一些学者认为乡愁是转型期伴随的负面情绪要尽快消除，也有学者同时考虑到了乡愁的积极和消极作用。罗正浩、刘洁等学者认为记住乡愁是要从回望过去和故乡的过程中汲取营养，从而缓解急剧变化的社会带来的心灵焦虑和茫然无措，给人们提供精神家园的寄托和精神慰藉，是人们情感均衡的心理补偿机制。[①] 林剑等学者认为消极的乡愁使人陷入难以自拔的失落、孤独、隔膜、不适的情感，沉湎于回不到的过去，增加人们转型期的痛苦，阻滞人们融入城市生活的步伐。部分学者从乡村振兴的角度讨论了乡愁的功能，怀有积极乡愁的主体对乡村的发展持乐观态度，因此将乡愁化为进行乡村建设的动力；怀有消极乡愁的主体对乡村持悲观的态度，认为乡村的传统农业文明已经落后于时代发展潮流，应努力顺应现代化的利益发展逻辑，对乡村逐渐疏离，在乡村建设上能减去的事情决不去做。我国学界在关于乡愁在城市化、新型城镇建设、传统村落保护等方面积极应用的研究已经取得了较为丰富的成果，这些研究基本上都倾向于通过将积极的乡愁理念注入营造和保护物质载体、缔造社会联结、传承优秀文化的行动之中，使得城镇化更能关注人文关怀和满足人们的情感需求。虽然学者们对乡愁功能的看法有积极和消极之分，但绝大部分研究都是针对乡愁积极功能的应用，由此可见无论积极与消极，我们都期望可以化解社会转型与快速城市化时期人们心灵上的不适，追求人们安定祥和的心理状态，营造一个有情感、有温度的现代社会。在总结上述研究经验的基础上，化解乡愁消极作用的路径还需要进一步发掘，乡愁积极作用发挥的路径及其有效性也需要更加深入地探索。

---

① 刘洁：《纪录影像：为中国乡愁塑形》，《中国电视》2015年第7期。

4.乡愁的学科研究演变

中国的乡愁"研究"最早起始于文学,随着生产技术水平的提高与社会的发展,相应的研究逐步扩散到人类学、地理学、城市学等等多种学科,乡愁的内涵不断得以丰富。如果说文学的乡愁主要侧重对乡愁的情感描述与意象解析,那么其他学科的乡愁研究则呈现出与当下的社会热点相关的特点。

最早文学上的乡愁,指的就是游子远离故乡后对故土、亲人的思念之情,由此诞生了众多优秀文化作品,也为乡愁赋予了许多具体的意象,比如月、柳、大雁等等。现如今文学上的乡愁研究则主要从已有的文学作品入手,解析出乡愁的具体蕴意。

在人类学学科上,赵旭东运用长时间的田野研究和比较文化研究,在对乡村研究的基础上发现了正向负向的乡愁和其相对应的建设本能和破坏本能的加法与减法的乡愁。这种乡愁的最好体现是有农民参与的乡村振兴。在现代性与乡愁意识的共同作用下,农民能够充分发挥自主性,找到一条由内外力同时推动乡村振兴的最优路径。地理学上,成志芬从文化地理学的视角对乡愁进行分析,从乡有多大、乡有多远以及乡可否移动组成的乡愁空间概念、乡愁与身体感知、乡愁与情感记忆以及乡愁与文化建构合成乡愁地方等层面对乡愁的内涵进行具体剖析,最后引出乡愁在优秀地方传统文化和历史文脉的继承与发展中所能发挥的重要作用。城市学则将乡愁的研究焦点放在城市化进程中城市与农村的关系上,有力保护传统文脉、正确处理城乡关系、合理推动城市化进程等离不开"留住乡愁"这一目标的导向与指引。

5.乡愁的应对策略研究

面对兼具积极与消极功能的乡愁,一些学者认为乡愁是客观发展的使然,具有难以消解性,但有的学者却认为,可以将乡愁具体化,通过相应的物质文化、精神文化的保护以及乡愁本身所能发挥的效益来应对乡愁。

　　首先,精神文化传承方面,学者们认为继承与发展作为乡愁主要载体的传统优秀文化是在精神文化上留住、纾解乡愁的基础要求。拥有上下五千年历史的中国在漫长的发展历程中孕育出了众多优秀传统文化,歌谣传说、习俗风尚、优良道德等等都是优秀传统文化的重要组成部分。这些传统文化不仅仅体现出一个民族的长久积淀,更是这个民族每个人心中共同的情感归宿与精神追求。离开了这些传统文化,就很难构成一个文化共同体。刘爱华认为即便是物质性的记忆场所也渗透了村落邻里日常生活等民俗因素,离开了这些民俗因素,记忆场所也不复存在。①优秀传统文化的重要性体现出了保护其的重要意义,一旦离开优秀传统文化,就缺少了纾解乡愁的重要载体。近年来兴起的"家风文明"建设就是对中华传统优秀道德——孝道的继承与发扬,不可否认,类似传承与发扬优秀传统文化的活动的开展是有效"留住乡愁"的基础要求。

　　其次,物质文化保护方面,学者们认为重视与保护作为乡愁发源地的传统村落是在物质层面留住、纾解乡愁的重要路径。传统村落哺育了人,孕育了乡土文化,更诞生了乡愁。从古到今,人们产生乡愁的原因之一就是对故乡的远离与怀念,村落广场、民居建筑、弄堂巷道、老井古桥等主要场所构成的村落承载了乡愁的"物质载体"的重要功能。保护好传统村落,能让无论是城市人、城郊人还是暂住城市的农村人的乡愁能够在村落的自然风光、乡土民居等的体验上得以消解。家乡博物馆的建造工程、传统古村落的保护项目等等都在为留住物质文化的乡愁作出努力。

　　最后,在乡愁自身效益研究方面,学界认为充分发挥乡愁本身的效益是留住、纾解乡愁的内在动力。乡愁源自乡村,其不仅仅是简单的情感体验,在有效的转换下能为乡村社会的发展注入源源不断的拉力。杨晓曦和张克克认为激活乡愁内生的经济价值,服务于乡村振兴的经济建

---

① 刘爱华:《城镇化语境下的"乡愁"安放与民俗文化保护》,《民俗研究》2016 年第 6 期。

设;激活乡愁内生的政治价值,服务于乡村振兴的政治建设;激活乡愁内生的文化价值,服务于乡村振兴的文化建设;激活乡愁内生的社会价值,服务于乡村振兴的社会建设;激活乡愁内生的生态价值,服务于乡村振兴的生态文明建设。[1]在乡愁的推动下,返乡创业就业的人员日益增多,甚至出现了归国的华侨担任村干部等现象,为乡村的发展注入了资金、新式理念与强执行力等发展动力。由此可见充分利用好乡愁的价值,能够让乡村发展与保护乡愁相得益彰。

(二) 乡村振兴中的现代乡愁

乡愁表现为一种普遍性的社会性情感或社会性思潮,通常发生在社会形态出现明显转型、社会结构发生重大变革、人民的社会生活出现重大变化、人口流动性明显加快、思想观念急剧转变的历史阶段。[2]当前,乡愁是城乡二元空间置换下的情感表达,对时代变迁与乡土传统进行追问与审视,蕴含着自我批判与自我修复的功能。[3]现代乡愁的生成,根源于城乡关系的二元对立,本质上暗含着现代性与乡土性、城市与乡村之间的两种内在张力。"意识在任何时候都只能是被意识到了的存在,而人们的存在就是他们的现实生活过程。"[4]城市化进程过快,物质文明脱离于精神文明,现代文明进程中产生的弊端引起了离乡主体的反思与警醒。离乡主体开始回望乡村,重温乡土社会的历史记忆与经验。与传统乡愁相比,现代乡愁基于现实,聚焦于城乡阶层分化、身份认同危机等社会问题,同时超越现实,渴望弥补传统与现代、城乡之间的断裂。

相较于传统乡愁,现代乡愁范围与层次更加广泛而深刻。第一,在

[1] 杨晓曦、张克克:《价值认同视角下乡愁对乡村振兴的路径规训》,《湖北民族学院学报(哲学社会科学版)》2019年第6期。
[2] 林剑:《也谈乡愁:记住抑或化解》,《学术研究》2017年第7期。
[3] 陈超:《"乡愁"的当代阐释与意蕴嬗变——中国当代文学乡土情结的心态寻踪》,《当代文坛》2011年第2期。
[4] 《马克思恩格斯选集(第1卷)》,人民出版社1995年版,第72页。

主体上,现代乡愁的目标对象不断扩大,不再局限于离家在外的少数"游子"。随着经济社会的发展,涌现出离乡农民、城市居民、海外华侨等不同层次、不同诉求的乡愁主体,呈现出大众性、普遍性的特点。乡愁主体的多重性,使乡愁由个体性的情感叙事逐渐转变为集体性的社会情感表达。第二,在空间地域上,传统社会的流动方式较为单一,流动的地域空间较为有限。现代社会人口流动逐渐规模化,空间范围的变迁呈跳跃式向外扩散,从传统社会的家、乡、村扩散到自然环境、社区、聚落与国家四个层次。[①] 此外,传统村落、特色建筑等公共空间是传统乡愁的记忆场所,但依靠视频、大众传媒等新兴方式,现代乡愁的空间关联物更具拟人化与抽象性。第三,在心理状态上,怀旧是传统乡愁的显著心理,离乡主体对传统的自然家园、风土人情进行美化想象,激发怀念之情。与此相比,现代意义上的乡愁是一种"故意怀旧"。[②] 这种"怀旧"意识具有批判与审视的色彩,体现了当下离乡主体无所寄托的情感需求,既有对现代性的排斥与抵抗,又对未来社会发展有所期待,显示出批判性与前瞻性的双重特点。[③]

(三) 现代乡愁的表达类型

乡愁是离乡主体共有的情感与记忆,并形成了社会性情感,其意蕴受时间尺度的影响,并随着环境的变迁而不断发展变化,具有多维度的解读视角。基于时间维度,乡愁可分为传统乡愁、现代乡愁和后现代乡愁,但这三种乡愁之间并非迭代更替的关系,而是后者在前者之上的叠加。[④] 基于价值维度,因人们的历史观、乡愁观不同,乡愁又有积极与消

---

① 陆邵明:《乡愁的时空意象及其对城镇人文复兴的启示》,《现代城市研究》2016 年第 8 期。
② 种海峰:《当代中国文化乡愁的历史生成与现实消弭》,《天府新论》2008 年第 4 期。
③ 廖高会:《时间维度下乡愁意蕴的嬗变与叠加》,《理论月刊》2019 年第 12 期。
④ 赵旭东:《乡愁中国的两种表达及其文化转型之路——新时代乡村文化振兴路径和模式研究》,《西北师大学报(社会科学版)》2019 年第 3 期。

极之分。具体而言,二者的本质区别在于人们对乡村社会发展状况存在截然对立的价值取向。

第一,积极的乡愁,即离乡主体对乡村社会未来发展前景抱有乐观向上的态度,表现为一种"植根于土地、变革于当下、邻近于理想"的乡村观。① 积极的乡愁底色是乡愁主体对乡村社会的未来前途充满希冀,对传统乡村文明发自内心的认同。拥有正向乡愁意识的离乡主体对乡村社会进行理想化的描写,对村庄未来的建构予以展望,怀揣乡村社会不断超越发展的美好愿景,并激发对于传统文明与现代文明良性互动的向往。此外,积极的乡愁意识能够转化为改造乡村社会的具体实践。离乡主体将积极意识转变为创造性的行动,发挥自身主观能动性,形成乡村振兴的合力。对于他们而言,乡村并不是落后的象征,而是温情的庇护所。站在新的历史起点上,离乡主体以新的社会身份,对传统乡村文明进行复活、修正与再现。

第二,消极的乡愁,即离乡主体对乡村社会未来发展道路持悲观态度,表现为一种"与己无关式"的乡村观。② 秉持着负向乡愁意识的离乡主体对乡村社会心存悲观,一味沉湎过去。离乡主体哀叹乡村社会凋敝的现状,对村庄发展前景充满着不信任,认为乡村社会将日益衰落与萧条,并最终被先进的现代化社会所取代。除去惆怅、悲伤等外在表征,消极的乡愁意识是乡村发展现代化过程中的副产品,拥有此类意识的离乡主体认为城乡之间的根本矛盾无法调适与融合。此外,哀伤、忧心、不满等悲观情绪,将内化为离乡主体的行为方式。受制于消极意识,离乡主体与传统乡村社会产生隔膜,自觉疏远与远离传统乡村,对传统文明孕育的生活方式与价值观念持否定与退却态度,排斥与抵制乡村建设。

---

① 曾鹰、曾丹东、曾天雄:《后乡土语境下的新乡村共同体重构》,《湖南科技大学学报(社会科学版)》2017年第1期。

② 唐亚林:《区域中国:乡愁和城愁的交融与舒解——兼与李昌平、贺雪峰、熊万胜商榷》,《探索与争鸣》2018年第2期。

三、乡村振兴中现代乡愁研究的主要内容

本书的核心内容是以乡愁为视角,着重审视当前我国乡村振兴的进程,将研究对象聚焦农民这一行为主体上。本书将从"留住乡愁""融入乡愁""形塑乡愁""再造乡愁"等四个方面,以村庄典型个案分析的形式,对现代乡愁进行多维解读。

一是以"留住乡愁"为主题,探讨返乡华侨参与乡村治理的行为逻辑。随着城镇化的不断推进,非农化趋势下乡村劳动力大量外流,乡村社会人口老龄化和空心化问题日益严重。因此,在村治人才极其缺乏的条件下,激发多元主体参与乡村基层治理十分有必要。华侨作为侨乡社会的一种特殊资源,在过去,他们反哺家乡大多是通过捐款捐物的浅度参与,而现在返乡华侨参与乡村基层治理,承担起其作为乡村精英的责任。这既是其回报家乡的一种新的方式,也是乡村振兴背景下乡村基层治理创新的重要路径之一,对于新时期的乡村发展建设有很大的意义。本书第二章以宗族性质浓厚的青田县龙现村华侨的村治行为为研究对象,依据大量的文献资料和笔者实地调查获得的一手访谈材料,尝试着将华侨参与乡村治理的行为作为一个具体过程,进而揭示出华侨的乡愁层次变化对其从离乡到返乡浅度参与,再到深度参与乡村治理行为转变的作用。本部分所阐述的"乡愁",已经不仅是一种情感渴望,而且是一种治理资源,它已经转化为一种具体的社会行动、精神追寻,这种追寻成为乡村振兴的重要动力,成为华侨离乡到返乡浅度参与再到深度参与乡村治理的关键因素。

二是以"融入乡愁"为主题,探讨乡村产业振兴的赋能逻辑。乡村振兴战略的提出为我国乡村社会的发展指明了方向。推动乡村产业振兴是实施乡村振兴战略的重要举措,也是解决乡村经济社会问题、破解城乡发展矛盾的基本途径。产业振兴注重各项要素的融合发展以及整体

功能的优化。作为关键要素，乡愁即乡村文化，能够为乡村产业注入新动能，发挥出文产融合的加法和乘法效应，进而助力产业振兴。因此，如何挖掘与激活乡愁的文化资源，使其赋能产业振兴是本文研究的重点。本书第三章基于湖北省宜昌市万古寺村产业振兴的本土实践，关注文化赋能产业振兴的动态过程，并以此为基础探析文化赋能产业振兴的内在机制。以乡愁文化为切入点，分析了秭归县万古寺村文化赋能产业振兴的背景、过程及其效能，研究认为：在赋能过程中，"以文促产"的经济和社会效应显著，即文化通过价值重塑、社会整合、资本再造以及文明内生的作用，吸引和培育人才、汇聚和整合资源，从而推进乡村产业的可持续发展。文化赋能产业振兴机制的基本建立，对提升乡村供给效率、满足村民日益增长的美好需要具有重要的实践意义。文化赋能乡村产业振兴的机制运转，使供给与需求在乡村产业发展过程中实现有效衔接，具体表现为供给与需求的相互转化，使乡村产业获得持续发展的动力。由此可见，文化赋能产业振兴并非单向的运行机制，而是双向联动的过程：一方面，乡村产业的文化价值得到延伸。文化赋予乡村产业更新、升级的能力与动力，推动乡村产业迈向更高水平。另一方面，文化的产业价值得到充分体现。产业振兴将有助于推动乡村文化的复兴与再造，进而实现乡村文化的繁荣与创新。

三是以"形塑乡愁"为主题，探讨人居环境整治的政策逻辑。乡村宜居是乡村建设的重要目标。乡村振兴既要塑形，更要铸魂。其中，农村人居环境整治是重大的社会民生工程项目。在相关的政策扶持下，我国的农村人居环境整治工作已初见成效，但总体状况与城镇相比仍存在较大差距，农村公共设施建设不足、垃圾整治涵盖面不够、农村水资源污染严重等问题，仍是农村人居环境改善工作的重点关注内容。2022年中央一号文件要求接续实施农村人居环境整治五年行动，深入实施村庄清洁行动和绿化美化行动。环境整治成为当前我国实行乡村振兴战略的重要工作内容。当前农村人居环境整治既要符合现代条件、现代服务需求,又要体现乡土人文风貌。不可否认,当前农村人居环境整治仍然或多或少受到"技术化"推动。但是具有本土化特色的"乡土重建"的方案和实践,才是新时期农村人居环境整治的重点。乡村建设行动应充分体现农民精神视角,而非仅是"城市眼光"和"现代化视野"。然而在政策实践中,农村人居环境整治政策的推进过程中存在偏差现象,政策执行的效果偏离预期目标。探究偏差的形成原因,为提高政策执行质量提供理论参考;同时,以此为基础试图扩展政策执行偏差成因的解释路径,从而丰富政策执行理论的相关内容。通过对安徽省滁州市山林村的调查发现,人居环境整治政策的落实过程中存在冲突。一方面政策主体间存在利益冲突,政策执行存在道德风险,另一方面,不同的政策任务之间存在冲突,村干部的精力有限。其次,政策主体间信息交流不足,政策主体的信息不对称,信息监督反馈机制不足。最后,政策执行的激励机制不健全,村干部政策执行的动力不足。由此,人居环境整治政策执行,首先要从提升政策执行主体的政治行为能力,提升政策执行主体的责任意识和吸纳多元主体参与政策推进这三个方面出发,强化政策最终代理人的综合素质。其次要增强所实施的政策内容科学性,优化内容水平,厘清代理人的行为范围。最后要建立健全机制,主要从政策监督机制、政策激励机制和信息沟通反馈机制三要素入手。

　　四是以"再造乡愁"为主题,探讨侨界新生代参与乡村建设的行动逻辑。乡村建设一直是我国建设发展过程中的重要议题,新时代下的乡村建设更有其新内涵、新发展和新要求。要在乡村振兴这一战略中有效推动乡村建设,需要新生力量的参与。侨界新生代作为新生力量之一,其侨情资源与侨务优势,能为乡村建设注入独特的侨界力量,亦能有效推动乡村的全面振兴。因此,激活侨界新生代的主观能动性,使之积极主动地参与到乡村建设中,对于乡村的建设和发展极为重要。通过对广东省中山市圣狮村的研究发现,乡村建设中侨界新生代参与行动的生成,主要基于"认同—参与"互构这一生成逻辑,其内在运行具体表现为:在再造乡愁的影响下,侨界新生代对家乡产生一定的认知、情感与行动,使之激发原生认同或再造建构认同,从而推动参与乡村建设,他们又在参与的过程中,进一步再造乡愁、重塑认同,继而又在认同的推动下继续甚至是更加积极地参与乡村建设;在"认同—参与"过程中,原生认同和建构认同同属于参与下的认同,自发性参与和导向性参与同属于认同下的参与,两者存在循环互构关系,这一逻辑亦是持续参与乡村建设的关键之处。

第二章 留住乡愁：返乡华侨深度参与乡村治理及其效应

"乡愁"不仅仅是一种情感渴望，更是一种治理资源，其可转化为一种具体的社会行动，成为乡村振兴的重要动力。而华侨作为侨乡社会的一种特殊群体，在参与乡村治理中逐渐推动乡村基层治理创新，对新时期的乡村发展建设具有重大意义。

本章以"留住乡愁"为主题，从治理的实践视角出发，以宗族性质浓厚的浙江省青田县龙现村华侨的村治行为为研究对象，依据大量的文献资料和实地调查获得的一手访谈材料，透视华侨乡愁层次变化，展现华侨参与乡村治理的行为过程，探讨返乡华侨参与乡村治理的行为逻辑，揭示乡村改造不单是对物质落后性的改造，更要从根本上"留住乡愁"，从而吸引多方治理主体参与乡村治理，实现乡村振兴。

一、背景与意义

（一）背景

乡村是国家政权最基本的治理单元，而为整个国家治理提供有力支持的乡村基层治理，则是国家治理的重要基础。在党的十九大报告中提出的乡村振兴战略肯定了治理的重要意义，当中就指出治理有效是乡村振兴的重要基础。而2015年的中央一号文件在关于如何推进农业现代化建设时也特别强调，要使乡贤文化有所创新，使善行义举得到弘扬，用乡愁吸引各界人才共同建设家乡，使乡村优秀文明得到良好传承。概言之，有效的基层治理离不开群众的广泛参与。

百年来，大量青田人民为了脱贫致富走出国门，成为华侨。随着情况的不断变化，又有相当一部分华侨愿意回来建设家乡。由于华侨大都出生在乡村，尊重乡村传统习俗和传统文化，对乡村有着极其浓厚的乡愁情感；同时，又长于海外，知识层面相对更高，眼界更宽，经营理念更强，是对乡村振兴人才需求的一种有益补充。原来这部分华侨的要素回流大多是当其在外事业有成之后，产生了"落叶归根"的想法，想把家乡变得更好，便以捐资公益慈善事业的形式浅层性参与乡村治理，如捐资助学、修路建桥、敬老助残、扶贫济困、救灾赈灾、改善医疗条件等。诚然，通过这些方式确实让家乡贫穷落后的面貌得到了一定的改善，但其发现，虽然自己已经"落叶归根"，但是却"扎不到根"，因为此时的村庄不再是自己印象中的村庄——在现代化和城市化浪潮的冲击下，大量人口离开乡村涌向城市，原来的绿水青山、袅袅炊烟、乡间小路、浓浓乡情，早已不复存在。"这样的故乡，该怎么安放我们的乡愁？"冯骥才如是说。因此，乡村振兴不仅是产业的振兴，还要尊重乡村发展规律，体现乡村特色，保留传统乡村风貌，留得住绿水和青山，记得住乡愁，让农民变成一种有魅力的职业，让农业成为一种有前途的产业，让乡村成为农民安居乐业的美好精神家园，进而实现人才的留驻。也就是说，振兴乡村不仅是要满足人们对美好的自然环境以及丰裕的物质生活的追求，还应该使人们获得精神归属感，建立乡愁文化自信。只有这样，乡村才会变成一个人们能够在此看得见乡景、体会得到乡情以及承载绵绵乡愁的地方，这才是农业农村现代化的突破口与应然形态，才能真正实现乡村的全面振兴。为此，返乡华侨决定要"落地生根"，深度参与乡村治理，让人人都避之不及、想逃离的"乡仇"变成人人都向往回归的"乡愁"。

（二）意义

随着城镇化进程的不断推进，非农化趋势下劳动力大量外流，乡村社会人口老龄化和空心化问题日益严重。因此，在村治人才极其缺乏的条件下，激发多元主体参与乡村基层治理是必要举措。返乡华侨参与乡村基层治理，承担起其作为乡村精英的责任，既是华侨回报家乡的一种模式，也是乡村振兴背景下乡村基层治理创新的重要路径之一，对于新时期的乡村发展建设有很大的意义。因此，研究新时期返乡华侨参与乡村治理问题，尤为重要。

偌大的中国就是一座伟大的情愁家园，中国人有着浓厚的宗族情结，偌大的宗族情结更是一缕扯不断的乡愁。这里有极其宽阔的"家族记忆"，它的影响之大，可以深入地缘政治和地域社会。第一，侨民返乡参与乡村治理的一个纽带就是乡愁，以华侨的乡愁为切入点，探讨乡愁对于吸引他们回乡参与村庄治理的作用与影响，并从中发现其运行逻辑，对于我们今后采取更好的措施吸引华侨返乡参与乡村治理有很大的意义。这既能够增进村民自治的活力，也有利于促进中国基层民主化进程。第二，在很长一段时间中，乡村的价值都处于流失的状态，乡愁底色面临着现代性的侵蚀，传统与现代之间充满张力，消解、重构、迭代、嬗变将长期伴随着青田侨乡的现代化进程。怎样将传统和现代、继承跟发展之间的关系处理好，怎样留住历史记忆、留住心中乡愁，是无法回避的重要问题，这也考验着国家的治理能力及水平。治理本质上其实也是乡愁的一部分，同时也是乡愁价值及迁越的重要支撑，这对于研究乡愁机制之于华侨参与村治进而推动乡村振兴的路径及效用具有重要的意义。

二、村庄概况

(一)青田县情与侨情介绍

青田位于浙江南部山区,隶属丽水市,分别与瓯海、文成、永嘉、瑞安、莲都、景宁、缙云等市、县(区)接壤。县域面积 2493.34 平方公里,总人口约 55 万。青田县历史悠久,拥有 300 多年的海外华侨史,现约有 33 万华侨,18 万国内侨眷。青田华侨的特点有以下三个:一是比较集中。在世界上的 128 个国家和地区都可看到青田华侨的足迹,在欧洲最为密集,尤其是在意大利、西班牙这两个国家高达 19 万人,近年来逐步向非洲、南美洲、东南亚等新兴市场国家拓展。青田华侨创业也相对集中,其中,53.7%的人活跃于住宿和餐饮业、27.3%的人从事零售业、10.7%的人活跃在制造业。二是比较活跃。青田籍侨胞在国内外的经济政治舞台都非常活跃,共发起成立 12 家华文媒体、314 个海外侨团等,据目前统计,有 80 人左右在国外参与政治生活,近 1.4 万人兼任一定的社会职务。青田华侨还是海外反邪教的骨干力量,并在海外反独促统的阵地上起着积极作用。三是联系十分密切。大部分青田籍的海外华侨是在改革开放以后才出国,与国内联系相当紧密,近几年约有 10 万人回国投资办企,总规模达 2000 亿元以上。①

(二)龙现村村情与侨情介绍

龙现村地处青田县东南部,距离青田县城约 20 公里。龙现村原名"龙谷",相传在明洪武年间,有一位村女在浣衣时因误吞龙珠,而后孕育出两条龙,其中一条飞天,另外一条入潭。两条龙时常怀念故乡和母亲,因此,后来此地经常有真龙出现,故而,村民将此地取名为"龙现村"。该

---

① 笔者根据青田侨联提供的《青田县涵养新生代华侨资源情况汇报》整理而成。

村华侨文化、田鱼文化、古居文化、生态文化、民俗文化底蕴十分深厚。

龙现村华侨底蕴丰厚,是青田县华侨文化发祥地。百余年间,龙现村人怀揣着对美好生活的向往,开启闯荡世界的征程,其中较为著名的为吴乾奎。作为青田最早的华侨代表,吴乾奎将青田石雕、茶叶等特色产品带出了国门,并多次在世界博览会上获奖。村内吴乾奎故居中西合璧,建筑风格十分独特,被列为省级重点文物保护单位。龙现村以吴姓(延陵郡)为大宗,全村现有村民小组 9 个,户籍人口 1200 余人,而村内华侨却遍布世界 30 余个国家和地区,共 1500 余人,其中,以西班牙和意大利为主。久而久之,该村被誉为"联合国村"。在村里漫步,几乎每户门口都会挂上中国和家中华侨旅居国家的两面国旗,还有"华侨之家"的介绍牌。通过介绍牌,可以了解到该户人家的家庭成员是哪一年外出、去往哪个国家、从事什么行业等信息。

龙现村历史悠久,仅稻田养鱼就有 1300 余年的历史。全村土地面积 6688 亩,其中山林 4246 亩,梯山田 465 亩,另有 140 多个水塘,具有良好的田鱼养殖优势①。1999 年,农业农村部授予龙现村"中国田鱼村"的称号。2005 年,联合国将青田县稻田养鱼列入"稻鱼共生系统"全球重要农业文化遗产保护项目,龙现村为该项目的核心区域。

过去,龙现村是青田县有名的贫困村,村民为摆脱贫困,纷纷去往海外谋生。事业有成后,心系桑梓的华侨又返回家乡,参与家乡建设。近年来,龙现村被县里列为重点建设示范村,围绕精品村、华侨村、田鱼村三个方向重点打造。村里组建了由华侨、村干部、党员组成的三支队伍,共同治理,全力推动龙现村发展。

三、"乡仇":贫困使其离乡

史载,"青田重山复水,高深险阻,无平原广野林麓蔽泽之饶,梯山为

---

① 笔者根据龙现村村委会会计所提供统计资料整理而成。

田,窖薯为粮,终岁勤苦不得一饱,民生何其苦也"①,可见,长期以来青田发展受到的贫困问题困扰。当人们在这片贫瘠的土地上生活陷入困顿之时,村民看到了国外的发展机会,走出大山的愿望十分迫切。早期旅居海外的龙现村华侨从小贩、劳工、水手做起,缝隙中求生,龙现村人吃苦耐劳、坚韧不拔的意志品质被极大地激发出来。经过艰辛探求,部分龙现村人逐渐在国外找到安身立命之地,在远程迁徙中探索出一条独特的行商之路,为浙南山区这片瘠田贫地带来新的生存空间和发展机遇。此后,龙现村华侨"亲带亲、邻带邻",一同在海外开创事业。

自改革开放以来,华侨出国的热潮再次被掀起。20 世纪 90 年代以来,劳工、留学、家庭团聚等各种渠道增多,出国人数急骤增长,侨居国家渐次拓展至全球各地。至 21 世纪,青田已经是"家家出国,户户华侨"。从传统的餐饮业、加工业,到国际贸易、现代金融等,呈现百业兴旺的景象,华侨经济欣欣向荣。

(一) 经济因素是重要推力:改变困境的强烈愿望

1. 穷苦现状:"九山半水半分田"

青田县总面积 2493.34 平方公里,其中 89.7% 是山地,5% 是溪河塘库,耕地仅占 5.3%,素有"九山半水半分田"的说法。土地贫瘠,物产匮乏。村民虽然有些田地,但仅依靠务农无法养活家里所有人,人地矛盾十分突出。

除恶劣的自然环境以外,该地过去天灾频发、人祸横行,使得山区人民的生活异常凄苦,出外谋生成为当时青田人的迫切选择。"后来一连几年遇到田旱,收成不够交租,改去捕鱼,做点小生意,但常遇到地痞流氓,生意做不下去,生活陷入绝境,可谓是上天无路、入地无门,只能出国打工。"(CJX20211017WZF)

---

① 《青田华侨史》编纂委员会:《青田华侨史》,浙江人民出版社 2011 年版,第 1 页。

上山掏炭，下地种田，外出打工，做手工赚钱，在社会动荡的时代，夜以继日的劳作并不能维持基本的生活。相对而言，出国对于青田人来说是改变个人，乃至家庭生存状况的理想选择。

2. 国外反差："打工创业收入高"

进入 20 世纪 80 年代，国内改革开放深入发展，经济建设大规模展开，发展速度空前，许多地区人民的生活条件都得到较大改善。然而，由于青田山区的自然地理条件比较差，严重阻碍当地经济社会发展，至 20 世纪 90 年代，青田仍是当地有名的贫困县，与其他地区形成强烈反差。人们生活条件虽略有改善，但在短期内不可能有太大变化，与国外差距较大，如付出同样的劳动，得到的回报却相差甚多，因此，当时出国打拼的吸引力不断增强，人们争相外出打拼。"当时国外钱好赚。在那个时代，在家一年赚的钱在外面或许十天半个月就能挣到。比方说我们浙江义乌的小商品，一块钱的批发成本，带出去可以卖到 10 欧元，这在青田根本想都不敢想，所以很多人就从国内进货到国外去卖。"（CJX20211018WNH）

龙现村的联村干部在介绍村中乡愁馆时，也讲述了自己的故事。"2012 年时，我去杭州亲戚家的餐馆打工。那时我有一个比较好的同学，去了国外的亲戚餐馆打工，当时我第一个月的工资是 1450 元人民币，他是 1200 欧元。一年以后，我一个月是 3000 多人民币，我同学刚好是3000 欧元。至 2016 年，我的工资基本每个月 5000 块钱左右，但他那时已拥有自己小店，按照人民币计算，每年至少可以赚 50 万元。"（CJX20211025ZY）

从最初的石雕经济到走街串巷的小贩经济，再到后来因欧美国家人口下降和老龄化造成的劳工短缺，青田人外出做劳工或水手，也有的凭"三把刀"（剃刀、剪刀、菜刀）手艺谋生，由此积累起资金和经验，探索出一条独特的行商之路。如 20 世纪 60 年代以来迅速发展的餐馆业、皮革与服装加工业、国际贸易等，如表 2-1 所示，这些行业与欧洲的传统手工业、服装业、皮革等产业互补,贸易互补性带来的利润成为青田人不断外出的动力。

表 2-1　20 世纪 60—80 年代青田华侨在海外从事的职业简表

职业	人数(人)	比例(%)	职业	人数(人)	比例(%)
餐馆	21000	70.0	教育	40	
皮革	1100	3.7	卫生	30	
服装	1000	3.3	科技	60	
经贸	3600	12.0	交通	6	
旅馆	40		养殖	2	
家庭服务	1200	4.0	体育	1280	4.3
食品加工	60		建筑装潢	270	
珠宝、赌局、当铺	45		宗教界	2	
茶(咖啡)馆	48		法律	4	
房地产	18		其他	182	
新闻	2		合计	29990	
政界	1				

资料来源:《青田华侨史》编纂委员会:《青田华侨史》,浙江人民出版社 2011 年版,第 112—113 页。

3.一往无前:脱贫致富的强烈愿望

对于青田人而言,选择出国几乎是以生命做赌注。青田人海外移民的主要目的地是欧洲国家,20 世纪这些国家大部分对中国人充满了消极的认知偏见,加上国内极左路线严重干扰着涉侨领域,使青田人出国步履维艰。除少部分村民有亲戚在外担保,可以顺利出境,大部分人采取偷渡方式。其一是翻山越岭的"长征路":翻越一座座山到达东北,再穿过西伯利亚,转入欧洲,这一路艰难险阻、生死难料。其二是旷日持久的"藏舱暗走":由蛇头带领,藏于水手室或杂物间等,更甚者被当作物品藏于货柜,由于行程历时较久,一些人或因缺氧、缺水、缺食,未到终点便失去生命。不论何种方式,其费用对山区人民而言都是一笔沉重的负担。为了出国,有些村民变卖家产、找亲友接济,更甚者通过民间借贷方式筹集资金。有位西班牙华侨先后在荷兰、西班牙打工,谈道:"第一次外出到的是荷兰,当时刚出去的时候没有合法居留,是非法移民,不能开店,即便帮别人打工都要躲藏,若被警察抓住,可能遣送回国,也有可能被关押起来。但出来花费太大,如果被遣送回国前功尽弃,无法偿还当时的债务。侥幸的是 2000 年西班牙实施'大赦',没有户口的人可以办理居留,获得合法身份,于是辗转到了西班牙谋生。"(CJX20201016LGX)

在青田人印象中,外国代表着富贵和机会,在摆脱贫困的强烈意向下,青田人对出国情有独钟。著名的战地记者邹韬奋在其通讯《在法的青田人》中曾经有过以下生动记述:"这班小贩每日提箱奔跑叫卖,只需赚得一个法郎(等于中国的两毛钱),每月收入就等于中国的六块钱;倘若每日能赚得三个法郎,每月即有十八元收入,这在他们本乡固不必想!所以他们情愿受尽外人的践踏侮辱,都饮泣吞声地活着"①。大约 20 年前,青田侨联曾经对县里 161 位归国华侨进行统计,结果表明,这些华侨出国时年龄均在 20 岁左右,回国的年龄在 40 岁左右。

(二)心理因素是内生动力:出国打拼成为潮流

1. 出国也内卷:不满足于"赚小钱"

20 世纪对于青田人而言是充满机遇的时代。当地村民普遍认为有华侨的家庭地位较高。"那时候出过国的人娶媳妇很好娶,博士生、公务员都没有侨民吃香,因为在外面侨民一月工资几千元,在国内一年都赚不了几千元。"(CJX20211025WLQ)

---

① 邹韬奋:《在法的青田人》,收于《韬奋文集》第 2 卷,生活·读书·新知三联书店 1955 年版,第 83 页。

即使众多村民在出国前就已娶妻生子,但当见识到同乡人高收入时,难免不安于现状,产生"相对失落感"。"那时候出去的大多为年轻人,恰好我邻居家的儿子在美国,我母亲跟她们家的老太太经常来往,时常听到邻居老太太说她的儿子今天在国外给她寄了鱼油,效果真好,明儿又给她寄了衣服,又或者寄了钱给家里建新房……"(CJX20211025WLQ)

因此每户人家都存在攀比行为,且当时并没有"万般皆下品,唯有读书高"的说法,村民对于读书并没有过多重视,因为不读书也可以出国赚钱。

2.选择随大流:"村里的年轻人都出国了"

青田华侨几乎是由青壮年组成的一个群体,从出国年龄来看,未成年人和老年人较少。2021年对青田县方山乡龙现村100名归国华侨年龄的调查结果显示,出国年龄最小为16岁,最大为39岁。依据年龄段划分,20岁以下(包含20岁)出国的51人,占比51%;20—25岁(包含25岁)出国的24人,占比24%;25—30岁(包含30岁)出国的12人,占比12%;30—35岁(包含35岁)出国的7人,占比7%;35—40岁(包含40岁)出国的6人,占比6%。除攀比心理外,从众心理也是激发村民出国的重要心理因素之一。

村民见到同村人外出淘金,于是纷纷效仿。"我是90年代出国的,当时国家比较穷,一般一个月工资为一两百块钱,但在国外一月能有五六千块钱,大家心里认为出国比什么都好,村里的年轻人基本都出国了,即使有本地工作的也辞职出国。1992年,国外的弟弟妹妹想带我出去和他们一同做生意,我见大家都出去了,于是也就跟着出去了。"(CJX20210120LCH)

(三)社会因素是外在拉力:成功者的榜样示范

1."出国村":祖辈有出国的传统

缘于移民海外的悠久历史文化传统,龙现村人具有强烈的出国意识。在 20 世纪 20 年代,村中便有人在欧洲谋生,以在外谋生获得的资金回乡置办田产房产。受到先辈的激励,后人不断效仿。

吴乾奎为该村早期华侨代表,家境贫寒,当过长工、烧过炭,为人勤奋,后经人推荐来到宁波一家茶叶贸易商行当伙计。吴乾奎做事勤快,忠诚守信,老板非常信任他,于是派其到新加坡销售茶叶,他没有辜负老板的信任,生意红红火火。但吴乾奎并不满足,又将目光转向欧洲,希望能到欧洲开拓市场。1905 年吴乾奎到意大利罗马贩卖茶叶,1906 年又贩茶到比利时。后经清政府驻比利时使馆介绍,吴乾奎携带家乡的茶叶到意大利参加赛会,由于茶叶质量上乘,获得银奖,为祖国赢得了荣誉。清政府驻比利时使馆官员杨小景先生特赠送给吴乾奎先生一块"海外观光"的匾额,表彰其为国争光。后来吴乾奎将家乡的青田石雕运到美国销售,获得大量财富,并带领同乡裘振珊、黄松轩、周芝山等人一起到海外创业,为后来者奠定基础。

如袁腾飞所言:"内陆平原属于农耕文化,沿海地区是海洋文化。"[1] 深受海洋文化感染的人喜欢外出打拼,加之先辈成功的榜样示范,村民前赴后继。自 1949 年新中国成立以后,尤其是改革开放以来,用"村村有华侨,家家有华侨"来形容青田人出国的盛况再形象不过。据 2020 年相关统计,龙现村户籍人口有 1200 余人,但有 1500 余名华侨分布于五大洲 30 余个国家和地区。

2．"引人向往"：亲友对海外的美好描述

青田人通过已出国的亲友了解海外生活,如"国外机会一大把""外国人都很有钱""国外生活舒适又浪漫""到了国外英语自然就能好"等。因此,村民对国外最早的印象是繁华、富饶。在脱贫致富愿望的驱使下,出国对村民有着极大吸引力。

邹韬奋在《在法的青田人》一文中曾有过深刻形象的描述:"最初在

---

[1] 袁腾飞:《这个历史挺靠谱 3》,收于《袁腾飞讲世界史》,湖南人民出版社 2013 年版,第 7 页。

光绪末年,青田人某甲因贫穷困苦,于某天带着一担特产青田石,从温州海口飘至上海,想赚钱维生,结果不得意,后不知怎的竟由上海漂到欧洲来,于是便在初到的埠头上的道路旁,把所带的由青田石雕成的各式东西,也就是现在说的青田石雕,一一排列出来。有的欧洲人看见这新奇东西,就起了好奇心,于是问起价钱来。由于某甲一点都不懂国外的语言,只得用手指来示意,这就非常含混了。有时举出两根手指,在他看来也许只是索价两毛钱,而外国人没看懂却付了两块钱。这样不久他便发了一笔小财。后来消息陆续传到了某甲的家乡,大家都说贫无立锥之地的某甲,竟然在国外发了财,于是出国的人陆续增加,十年间,竟有三四万人去往欧洲"①。

除此之外,回乡村民往往尽可能地携带大量财富以彰显自己海外生活的美好。而在长时间与世隔绝的状态下,龙现村村民对此深信不疑。"那个时候欧洲是人人向往的天堂,每个人都想去。有些老华侨回来时很风光,看起来特别有钱,我们这些亲戚朋友去看他,到那喝杯茶,还会往茶里放点糖给我们喝,我们都很羡慕他。其实当时根本不知道出国以后会是什么样子的,但就是想出去。感觉村中没盼头,反正再差也不会比现在更差。"(CJX20211025WLQ)正是这些海外致富的传言,再加上信息的不对称所造成的认知,极大地鼓舞了青田人纷纷外出淘金。

3."亲带亲":联系紧密的海外关系

龙现村宗族文化氛围浓厚,其中以吴姓为大宗,族人有较强的凝聚力。经过多年拼搏,吴姓族人有了一定的资本积累,为此后大批族人出国发展创造了条件。受中国传统文化影响,通常一个人出国,不仅仅影响其家人、家族,甚至还影响到其所在的村落,因此该地华侨富有"宗亲性"与"地缘性"。

---

① 邹韬奋:《在法的青田人》,收于《韬奋文集》第2卷,生活·读书·新知三联书店1955年版,第81页。

在国外站稳脚跟的村民相互之间有着共同的默契,每人都有责任将国内的亲属带出国一同发展,华侨家族在国外不断扩大,形成一个个联系紧密的家族链条。"我们大多是亲带亲、邻带邻,一起发展到外国去。村中共有1000多人,有出国经历的占到90%以上。有村民早些年去了西班牙,从卖小商品开始,后来通过自己努力开了酒吧。凡是有亲戚或朋友,他都带出去在国外找工作挣钱。"(CJX20211018WNH)

在如此的出国浪潮影响下,即使在家乡不需为生计发愁的村民,也萌生出国想法,以此寻求更广大的发展天地。依靠"亲带亲"的模式,龙现村华侨群体逐步扩大,迅速发展。

(四)小结

通过本章的口述访谈与资料查询,可以看出,早期龙现村华侨出国的原因主要有三个方面。其一,龙现村生存环境十分恶劣,天灾人祸频频发生,而国外经济繁荣,发展机会较多。因此,出于摆脱困境的愿望,出国打拼成为龙现村人的迫切选择。其二,对于即使在家乡能勉强度日的村民而言,心理因素是促使其外出的内生动力。一方面,当其了解到同乡人在海外取得高收入,难免不安于现状;另一方面,有些人甚至不能明确表述出国原因,而是被时代潮流不断推动,将出国作为寻求社会认同的新路径。其三,受村庄海外移民传统及先前出国亲友对海外生活的美好描述影响,生活困苦的村民更加萌生出海外淘金的意向。在此基础上,依靠"亲带亲"的家族链条,龙现村华侨群体得以在海外快速发展。

四、"乡愁":乡村治理的浅度参与

乡愁是现代社会文化的产物。博伊姆将它的动力概括为"全球化激发出对于地方性事物的更强烈的依恋"①。在华侨心中:乡愁很远,远在距离,远在时间;但乡愁也很近,近到生活中的任意一件小事都可能引起对故乡的回忆。华侨离开故乡来到国外陌生环境,一方面与原来的社会及文化逐渐疏离;另一方面在新环境中又因为旧有的自我意识常常无法得到认同,产生种族、文化、语言、空间距离、生活习惯等方面的边缘感,即使长期受到外国文化的熏陶,华侨内心深处的故乡情绪依旧炽热。

因此,进入新时代,乡愁情结有了更为深刻的内涵。其不仅包含人们对于家乡故土的热爱与依恋,也包含了村民渴望回归家乡、建设家乡的情感诉求。由此,当代中国的乡愁情结已经变成联系城市与乡村的精神纽带以及建设家乡的动力源泉,成为推动乡村振兴和乡村现代化发展的新路径。通过调研发现,这一时期华侨主要在改善居住条件、捐资修路、捐资助学等方面作用凸显。

(一) 衣锦还乡:关注"小家"的造房运动

1. 情感认同:"他们的咖啡太苦,我喝不习惯"

认同是能够有效动员海外华侨的重要因素。地缘和血缘观念依旧是联系华侨和侨乡社会的重要社会纽带。早期华侨因经商大规模旅居海外,跨越文化与地理空间,处在一个陌生疏离的环境当中,加上时间的催化,边缘人的处境使华侨内心缺乏归属感。而在习惯、婚姻、语言等方面充分体现出旅居华侨对于家乡的情感认同。

如悠久的历史发展形成的文化习惯难以改变。正如对茶的喜欢远大于对咖啡的喜欢,"他们的咖啡似乎太苦,我喝不习惯,所以多半时候,改要茶"(CJX20211018WNH)。

在婚姻方面,众多华侨也表示希望自己子女与中国华侨结婚。"外国人不靠谱,生活随意又开放,婚姻观不同,我还是比较传统,希望子女

---

① [美]博伊姆:《怀旧的未来》,杨德友译,译林出版社 2010 年版,第 91 页。

同我们华人结婚。"(CJX20211018WNH)

而语言方面,由于早期出国的华侨受教育程度普遍较低,与当地人沟通普遍存在语言不通的困境。在小说《劫余插曲》中描写了一个关于华侨与当地人语言沟通困难的故事。"咱人用走腔的番仔讲述他亲眼看见'天火'坠下,致发生火灾的故事……那个菲人自然听不懂咱人的意思。相反地,他更相信这是纵火的了。"这些来自异域的排挤更加强化了侨胞对故乡的深切思念、对祖国的情感认同,同时,也使得海外华侨的乡愁进一步加深。

近年来,地方政府出于对经济发展的考虑,在其权力职责范围之内,对民间宗族网络以及宗教信仰的复兴采取了默认甚至支持的态度。与此同时,侨乡人不断颂扬海外侨胞对家乡的贡献,经常举办寻根、祭祖等传统民俗活动,试图借"感情牌"唤起华侨对家乡的认同,进一步动员其建设侨乡。

2．象征属性:"根在这里,土生土长的地方"

过去,龙现村的老房子基本都是瓦房或泥草房,篱笆搭的墙,建房子的关键原材料为石头、黄泥巴、茅草等,窗子多为木质,甚至纸质,经常墙面开裂,村民基本居住条件得不到保障。

中国人讲究落叶归根,在侨民眼中,房屋的居住属性逐渐退居次位,房屋的"故乡"属性排在首位,其象征意义远远大于居住意义。正如返乡后的吴乾奎在村中建起一幢中西合璧风格的"延陵旧家"。宅中柱子虽从外面看为西式风格方柱,但里面均包着中式建筑中特有的圆木柱,借此教育下一代子女,无论外表如何变化,永远心怀家乡故土。

村中华侨大多在逢年过节时回国探亲,五六十岁时回村养老,即使不在村中生活,也会在老家修建一栋房子。"现在村中很多欧式风格的农村别墅都是华侨建的,他们老了以后回来养老。即使在丽水、杭州、温州买了房,但在老家还是要建一栋,因为他们的根在这里,这里是他们土生土长的地方。"(CJX20211025WLQ)

3. 符号载体："房子盖得越好,脸上越有光"

中国人自古以来就有光宗耀祖、荣归桑梓的观念。出于对"家"的重新建构,将实体的"家"重塑为一个"符号载体",担负起彰显成功、光耀门楣的功能。龙现村是有名的宗族村庄,以吴姓为大宗,一栋出色的家宅可以提升建房者在家族中的地位与威望。

"对于农村人而言,将钱存在银行中别人不知道,只有将钱变成房子,别人才看得见。而且盖得越好,脸上越有光。三四层的别墅村里有很多,最高甚至有六层七层的。但事实上,里面只装修了两层,仅有一两个老人住,或者没有人住。"(CJX20211025WLQ)

在20世纪90年代末至21世纪初这段时间,龙现村掀起一场轰轰烈烈的"造房运动"。在国外打拼多年的华侨,积累一定财富后,纷纷回乡推旧建新。现村中除少数仍保留着原来的面貌以外,基本已看不到过去的老式住宅。但大部分华侨都不会在村中住,只有年迈的父母守在家中。大家都将"房"当作一种承载着特殊需求的象征或具有纪念意义的符号,对其而言,外在装修远比内部实用性重要。

(二)富而不吝:兼济"大家"的公益行动

1. 敦促子女读书受教:"须督促,使其读书"

许多华侨虽然身处海外,但始终心系家乡,尤其重视子女的教育问题。早年间出国奋斗的老一辈华侨,文化程度普遍不高,深刻体会到文化落后给工作和生活带来的不便,殷切地希望自己的后代能接受良好的文化教育。因此,不管是"贩夫走卒",还是"引车卖浆者流",抑或是白手起家的行业翘楚,对下一代的教育培养尤为关注。

早期华侨家庭大多是男性外出挣钱,女性在家承担着赡养长辈、养育子女、操持家务等事务。在一般的家庭中,父亲具有较高的权威,所谓"养不教,父之过",教育子女自然成为父亲的重任。但是对于华侨家庭来说,远渡重洋的父亲不能陪在儿女身边,只能通过书信来"发号施令",

并由留在家中的母亲监督执行。

20 世纪 60 年代，有位德国华侨向浙江青田龙现村家中寄回一封家书。信中除告知妻子生意近况外，谈及其子读书之事，要求妻子务必督促子女读书受教："须督促，使其读书，不可过分溺爱，使将来无法调度……"作为父亲，虽远在海外，依然希望孩子继续上学，即使子女不能学有所成，也希望子女接受师长教导，可见对孩子教育的重视。

2. **跨越万里筹款建校："不让孩子们重走自己的老路"**

教育是立国之本。国家要强盛，离不开人才的培养与人民素质的提高，教育则是主要途径。然而，城乡二元差别使优质的教育资源基本上集中在城镇，乡村地区相对落后。

龙现村最多时有 100 多名孩子，但村中无一所学校，距离最近的学校为 4 公里外的镇方山乡小学。然而幼时没有机会求学的华侨村民，深知学习知识的重要性，为避免子女"重走自己的老路"，积极捐资助学，让乡村的孩子有机会接受更加优质的教育，提升科学文化素质。有的华侨村民虽远在德国，仍通过信件与村书记就村中建设学校事宜进行积极沟通。

学校的建设需要大量的人、财、物的投入。建校之初，德国华侨募集5000 元资金。此后又以同乡会的名义，向海外各国同乡华侨发起募捐筹措资金。至 1976 年，建校经费已筹集 30000 元，均由华侨、侨眷捐助。那些经济困难的村民，即使无钱捐助，但也尽最大努力参与学校的实地修建。

(三) 回馈故里：造福"家园"的经济推动

1. **发展诉求："要致富，先修路"**

龙现村位于青田的东南部，三面环山。在实现道路硬化之前，村内道路以泥土路为主，尤其雨季时节，泥泞不堪，影响村民出行与对外交往，严重制约着当地经济发展，村民对修路事宜期盼已久。

新中国成立以来,我国乡村道路的建设大致可以分为四个阶段:首先,在重工业优先发展时期,由农户个体与人民公社按照"民工建勤、民办公助"的筹资方式修建乡村道路。其次,财政包干以后,道路建设主要依靠当地政府财政资金投入,但"民工建勤"依旧起着重要作用。再次,经过分税制改革以后,由于财政压力的影响以及地方本位利益的驱动,各地政府更愿将资金投向城镇化和工业化建设,因此,这一时期乡村道路建设有所停滞。最后,2003年以后,中央启动"村村通"工程,此时的资金筹集模式演变为一部分由各级财政补贴,一部分由交通部门投入,另外再向社会筹措一部分。在这种筹集模式中,由于各级政府的财政资金较为紧张,因此,只能支持较少部分的财政补贴,大部分是靠社会筹资获得,即村民的摊派、村庄集体收入和村民的投工。而早期龙现村产业发展条件不佳,村集体资产收入几乎为零,大部分在村村民也只能依靠劳动勉强维持生计,无闲钱可用,更无钱修路。

从村中走向海外的龙现村人,深刻地体会到"要致富,先修路"的道理。因此,在村组道路的修建过程中,华侨为改变村庄交通的落后面貌作出了重大贡献。

2. 道义责任:"赚了钱,理应帮村里办点实事"

在东南沿海的宗族地区,中华文化中的家族血缘、宗族地缘观念仍是将华侨和侨乡社会联系在一起的重要纽带。并且华侨在异国他乡生存打拼,更加需要与同胞守望相助以及同家乡维持密切的联系,如此,"乡土"和"宗亲"纽带被进一步强化。相比之下,爱乡情结甚至更早于爱国情结,其一是因自古以来的传统中华文化对家庭关系极其重视,如梁漱溟认为中国社会是一个建立在家庭基础上的以伦理构成的社会,人不是为其自己而存在,而是为其他家人而存在;其二是由于中国的"民族国家"意识是晚清以后才出现的,发展较为迟缓。因此,这种"乡愁"的主要内涵是对宗亲的眷念和认同。故而,华侨认为自己有责任和义务帮助自己世世代代生存的祖村谋取发展。

虽然留在村中生活的多为老人,但对于华侨而言,尽管出国多年,与家乡、亲人的联系一直非常密切。这种对家乡强烈的认同感使其在家乡有需要时会感到自己有责任和义务帮助家乡。前文提及的"亲带亲"也多是出于此原因。侨乡人通常有默认的"互惠"原则,当事业有成时,华侨要对家乡进行"回报"。而这里的"回报"不仅是"偿清债务",还有为后出国的同乡"接待""出钱",以及为家乡的建设和发展捐款捐物等。

3. 荣誉激励:"立此碑,记其名,彰其行"

自村中筹备委员会成立后,龙现村海外华侨普献爱心,积极捐资村庄基础设施建设。据村委资料记载,2001年,龙现村华侨出资8万元修建砾头至降头段道路;2001年捐资60万元修建龙现村大桥;2007年,捐资90万元修建犹下公路;2007年底,出资20万元修建矶岸村后新公路等。据村委提供的数据,表2-2列举了近年来为村组道路捐资一万元以上的侨民。

表2-2 近年来为村组道路捐资一万元以上的情况表

旅居国家	姓名	金额(人民币:万元)
西班牙	吴观艺	2
西班牙	吴观甫	2
西班牙	吴开平	2
西班牙	吴岳荣	2
西班牙	吴品初	1.065
西班牙	吴伯光	1
西班牙	吴忠奎	1
德国	吴志鸿	1.75
意大利	吴宗海	1.2

资料来源:笔者根据龙现村村委会会计所提供统计资料整理而成。

华侨捐资，一方面可以改变家乡落后的面貌，另一方面也可通过捐赠的方式展示自己事业有成。尤其是修路后，一般村里会在路旁树立功德碑，专门用于记载参与捐赠的华侨姓名。如爱村路的功德碑上记载着参与捐款的华侨名字及其捐赠数额，抬头写道："道路既成，兴村富民。倡导者、资助者令人敬仰，故特立此碑。记其名，彰其行，此励后昆。"同时，这也是对捐资者的一种"回馈"，在精神层面上给予其荣誉感。

（四）小结

1. 落叶归根：改变村庄落后面貌

经过多年打拼，早年远赴海外谋生的华侨有了一定的财富积累，面对落后的家乡产生了一种愁乡之情。于是，出于对家乡故土和故人的情感思念、责任道义，希望能够通过自身力量帮助家乡摆脱困境，尽自己所能为家乡捐资筹款，从"小家"到"村庄共同体"，推动乡村现代化建设，以期在物质层面上改变家乡贫穷落后的状况。

华侨对家乡的参与是全方位的，除返乡建房、捐资助学、捐资修路外，在医疗卫生、政治捐输、电力通信等方面的贡献也是有目共睹。据统计，近五年来，每年华侨在家乡进行公益捐赠的资金超过 1000 万元。在抗击新冠肺炎疫情期间，300 多位海外青田华侨组建微信群，专门用于筹集抗疫物资。随后以最快速度、最有效的渠道，将物资运送回家乡，为抗疫贡献力量。疫情防控期间，青田共收到海外抗疫捐款 795 万元，各类口罩 237 万只，防护服 3.5 万件，护目镜 6901 个，隔离服 2.7 万件及其他防疫物资。

同时，青田县委、县政府积极引导华侨"自主自愿、量力而行"地参加社会主义新农村建设，出台相关政策，对返乡华侨创业给予资金和政策上的优惠与扶持，并对作出贡献者给予各种形式的褒奖。这吸引了大批侨胞积极投身家乡新农村建设，为乡村振兴和发展建设注入强大动力。

2.扎不到根:乡愁无处安放

但长久下来,侨胞虽已落叶归根,但却扎不到根。

第一,乡村治理应强调可持续发展。过去华侨参与乡村事务的表现形式多为单纯依靠捐资型输血式的扶贫帮助,仅靠这些举措无法从根本上改变家乡贫困的状况,并且长久地"输血"往往助长"等靠要"的依赖思想。当前,村庄的面貌已有较大改善,但依旧存在相对贫困,包括劳动力缺乏、主体产业缺乏和经营分散问题,也包括因集体经济发展薄弱,无法提供公共服务及基础设施,更无力进行村庄环境整治、建设村庄文化、提升村庄精神文明等。如对于多数在乡村中长大的人而言,其要"衣锦"才能还乡,若在村中出不去,就意味着没有出息。如此一来,村庄"老龄化""空心化"问题依旧得不到有效解决,治理人才队伍严重缺乏。而这种现状,不仅是华侨的乡愁,也是大多数村民的乡愁。因此,必须培育可持续发展的"造血"机制,以华侨资本优势、理念优势、资源优势为家乡发展注入更为持续性的力量,使之具备自我发展能力,实现共同富裕,才能留得住乡愁、留得住人。

第二,乡村治理应强调"留住价值",发展乡村现代功能需在留存乡土本色的基础上进行。通常来讲,乡愁有三个层次:第一层次是对朋友、亲人的思念;第二层次是对旧时情景和故乡风景的怀念;第三层则是最深层次的乡愁,即对文化的眷念。如今,中国正在经历城镇化进程,然而多数人对城镇化的认识存在偏差,简单地将城镇化等同于"社区化"和"去农村化"。与此同时,一些满足人们乡愁需求的乡村产业新业态,本是留住乡愁的重要举措,而在实践中,乡村硬件设施虽不断更新,最重要的文化和情感价值却在消逝。

乡村的文化和情感价值长期处于流失状态,乡愁底色面临现代性的侵蚀,传统与现代之间充满张力,消解、重构、迭代、嬗变将长期伴随着龙现村的现代性进程。治理本质上也是乡愁的一部分,同时还是乡愁价值及迁越的重要支撑。如何处理好继承和发展、传统与现代的关系,如何留住乡愁,是当代无法回避的重要课题,也考验着国家的治理能力与治理水平。

五、"留住乡愁":乡村治理的深度参与

在龙现村全体华侨的共同努力下,村庄内生发展能力不断增强,逐渐成为富裕、理性、美丽、幸福且充满乡愁底色的家园。华侨因乡愁愿意积极返乡投身于乡村建设,淳朴的乡愁情愫是推动乡村振兴的中坚力量。

(一)发展乡村经济

1. 内生动力不足:"'中国田鱼村'这张金名片没有利用好"

在华侨捐资发展家乡的过程中存在着少数盲目攀比的现象,其问题在于当前乡村基层治理体制还未能很好地将乡村社会内生发展的资源组织与动员起来,以应对来自现代性的挑战。尤其是在以农业生产为主、发展相对落后的地区,乡村基层治理机制的均衡能力更弱。乡村振兴需要内外合力的共同长久发力,而内生动力是内部产生的使事业前进和发展的一种持续性的力量,这种力量可以不断地推动自我发展、自我革新和自我进步。现龙现村因侨民捐助较多,逐渐萌发"等靠要"心理,形成救济式的"输血"发展方式,而缺乏自主"造血"能力,自身发展动力不足。

龙现村地处偏僻山区,资源匮乏,集体收入微乎其微,尽管1999年被评为"中国田鱼村",2005年被联合国确定为农业物质文化遗产,然而评选过后村庄并没有抓住发展机遇,仍处于落后地位。在此背景下,多数侨民愿意返乡带动村庄发展。"一个人的致富没有用,带动乡亲们共同富裕才是目的。把乡村振兴做实做强,是龙现村每个村民的责任和义务。不管能不能赚钱,侨胞都要有这颗心,有能力多做,没能力那少做,

最起码都要参与进来。"(CJX20211018WNH)

物质投入并非乡村振兴的唯一手段,更多是旨在改善乡村人口的弱势地位,进而提高其致富能力。乡村振兴并非培育"寄生"群体,更不是培育村民"坐享其成"或"被动接受者"的方式,而是乡村成员积极参与其中,提高自我发展能力,由此才能从根本上消除贫穷落后的根源。

2. 农旅融合发展:"变'输血'为'造血'"

依靠"输血"从根本上改变村庄落后的面貌远远不够,更应使之具备"造血"能力。捐资修路、建房等属于输血型建设,而如何利用村庄自身优势,推动经济发展,以此达到产业兴旺、村庄富裕,从而吸引人才回归,才是村庄造血型发展的长久之计。

龙现村作为全球首批获得联合国"全球重要农业文化遗产"认证村庄,一方面,乡政府借助世遗"金名片",结合当地华侨文化特色、稻鱼文化特色以及农耕文化特色,从"农旅融合"入手,发展以民宿和农家乐为主的休闲旅游产业,形成"文化搭台、经济唱戏"的发展势态,为村庄发展注入强劲动力,增强村庄经济"造血"功能。"我们现在是主要以旅游产业为引领,在龙现村推动展馆之村、精品民宿、研学基地等发展,形成可以看、可以游,还可深入体验的旅游新形态。与此同时借助田鱼文化打造农遗探寻线,让稻鱼米和田鱼更知名、更受欢迎,从而带动村民共同富裕。"(CJX20211025LYL)

另一方面,内心的"乡愁"激发华侨返乡发展,不断促进村庄内在经济结构与村民收入结构的转变。一是侨胞投资承包大量土地,使得村民获得土地流转收益,二是侨胞开设的产业对村庄劳动能手有大量需求。"疫情使得很多家庭生活困难,但村庄劳动能手在我农庄工作,一个月仍能获得几千元工资,解决了生活困难。"(CJX20211018WNH)"因为疫情原因,国外很多店倒闭,很难找工作。且自己年龄不占优势,回国在村中农庄工作,一个月的收入也有4000元,既能补贴家用,也能就近照顾家庭。"(CJX20211019CAE)

2020年侨胞回村租用龙现村小学旧址，举办青田稻鱼共生1号店——"田鱼村农庄"，同时开设"钱庄民宿"。在该农家乐中，游客不仅可以品尝当地土菜，也可品尝西餐、咖啡等国外特色饮食。目前，该"民宿＋农家乐"模式一年营业额近20万元，同时不断开拓"副业"，帮助村中农户出售田鱼干、稻鱼米、笋干等农产品。由于龙现村稻鱼共生项目的声名远扬，大大提升了田鱼和稻鱼米等农产品的附加值，促进了当地的村民增收。

3. 同跑共富之路："更多村民学起了样"

在农旅融合发展的浪潮中，龙现村形成"华侨带路，村民学样"的模式。村中"民宿＋农家乐"不断开设。民宿既有西方元素，也有乡愁体验项目。其中名为"半亩鱼宿"的"民宿＋农家乐"年均收入大概为35万元。并且随着龙现村知名度的不断提升，民宿入住率也在不断增高。

近些年青田县政府通过一系列政策措施大力扶持推动农旅融合发展，村中不断获得发展，吸引更多侨胞返乡创业。"政府出台如此多的政策，并给予了多种奖励补贴，村里又有好资源，我对在村里发展产业非常有信心，跟我年纪差不多的很多周围的朋友都很愿意回来发展。资金够的选择开农家乐、开民宿，有些在外打工条件不是很允许的就回来到这边做服务员，每年的净收入反而要比城市高。"（CJX20211020WYQ）同时已返乡侨胞不断扩大经营规模，让游客更好地体验龙现村的风情。目前，龙现村"稻鱼共生系统"的核心区域共有4家民宿、5家农家乐，"民宿＋农家乐"成为龙现村重要支柱产业，在带动村民就业、增加集体收入等方面发挥着无法替代的作用，不断改变着龙现村传统的贫困格局，为村庄发展注入现代生产要素，积聚持续发展的内生动力，推动经济又好又快发展。

（二）主导乡村事务

1. 治理主体缺失：去"中间"剩"两头"的村庄人员情况

伴随着现代化的不断深入，城乡差距越来越大，这使得越来越多的村民流向城市,造成农村人、财、物不断流失,对乡村社会的发展造成了极大影响。龙现村是著名侨村,常住人口仅有 100 多人,以老人和儿童为主,青壮年常住国外,最终形成典型的空巢老人村庄,乡村建设缺乏人才。另外,由于城乡发展长期不均衡,外出华侨切实感受到国外与家乡之间在教育、医疗、养老、交通等方面的差距,对其是否回乡发展也产生一定影响。在各种因素综合作用下,乡村社会的治理环境和治理结构发生巨大的变化——人才流出多,而回流少,治理主体严重缺失。"我还没当村长时就经常做公益事业,村中做什么事都有我一份。2017 年回来参加同学会,正值村中选举村长,询问老书记下一任谁来做,老书记竟回答说无人愿意。当时我向其表明了自己的意愿,书记也表示支持,户口恢复落实后,我便成为村长的候选对象。"(CJX20211025WLQ)

另外乡村本土村干部整体上受教育程度偏低,处理村庄事务能力有限,甚至对政府的政策与规划了解偏少,村庄缺少有效的政治参与以及获取信息和资源的能力,使得治理效率有所降低。

2. 正式身份保障:实现角色期待还需依靠政府的权力

从宗族血缘的角度来看,村民们容易接受华侨回乡担任村官,因为华侨不仅与村民拥有一致的传统价值观念,且由于自身的海外经历,大部分华侨拥有着丰富的创新理念和各种资源,尤其是可以有效破除乡村"没钱办事"的困境。虽然有一定的拥护群体,但并不能完全令村民信服——由于华侨长期的海外旅居史,有些村民将其看作短暂停留在村的"过路人"。由此华侨须借助政府权力,成为政策的执行者与贯彻者,才能有效地实现角色期待,即在国家政权的支持下通过自己的积极作为,从而促进村庄发展。为更好地将建议和服务落到实处,一方面从 2007 年开始,青田县政府鼓励华侨参与乡村基层治理,如"华侨村官"的推行。"对于引侨,我们主要分为两个方面,一个是引资,一个就是引才。……其实'华侨村官'一开始并不是政府发起的,而是在自然形成的基础上,政府进一步宣传动员。因为华侨在国外赚了钱以后,回到家乡捐款捐

物,长久下来,在村里威望越来越高,恰好遇到换届选举,村民都极力推选其为村长。"(CJX20211015GF)

"乡村振兴战略"将群众参与置于重中之重,为调动一切积极因素,以构建多元主体合作治理的新形态,政府对华侨这一重要资源有了更多期盼。政府从"道义"上动员华侨担任村干部,希望其发挥在乡村振兴工作中的主导作用,而华侨多因认同感对家乡建设贡献力量。

另一方面,华侨主动参与选举,"村官"的正式身份成为一种可利用的资源,身份的融合让其被政府和村民双方共同接受的可能性得到增强。除村庄发展的客观需要和政府的支持动员以外,华侨在家乡出生,深受"光宗耀祖"的传统观念影响,其自身也有担任村官的主观意愿。大部分归国华侨的年龄介于 40 岁至 60 岁之间,这部分华侨精力仍然充沛,不仅拥有丰富的阅历,而且具有较为稳定的价值观、人生观和世界观,能迅速适应身份角色的转变,将其事业传承至子女手中,追求更高的自我价值。

与通过捐赠获得的荣誉相比,担任村干部更能直接地凸显自己在乡村中的声誉和荣耀。因此,担任村官对一些华侨而言具有较大吸引力。

3. 心系村庄发展:"为了修路,我倒贴钱也没关系"

此前,龙现村交通条件较差,严重制约村庄发展。2013 年,村书记收集多方群众意见,积极向相关部门反映。经过不懈努力,修建道路获得批准。但由于部分村民思想固化,道路的修建却一直被搁置。2017 年,现村长上任后开始做相关村民的工作,至 2019 年才完成。"修路需要占用到个别村民的耕地,有一户人家不同意把地拿出来修路……所以政策处理是最难做的。而且农村是一个人情社会,有些老人不缺钱,也不想要钱,就想保留自己的地,后通过在国外的子女做他的思想工作才做通。"(CJX20211025WLQ)

华侨通过运用自己的见识、视野、知识、理念和经验,努力为家乡发展尽一份力量。"当时有一户人家说可以给我们做,但是他开价远远高

于国家的赔偿标准。我最后私人拿钱出来补贴他。因为我认为只要这条路能修起来就是值得的。"(CJX20211025WLQ)

4. 先进理念支持:"经济发展不能忽视环保"

现村长当选村长的第一年,龙现村的卫生排名在青田县414个村中位列倒数第二,环境整治迫在眉睫,为此采取了一系列的措施。

一是约定家禽喂养方式。2017年前,村中家家户户均喂养家禽,且采用放养的方式,由此造成较为严重的环境卫生问题。其后村长同村民制定村规民约,规定家禽采用圈养方式,对于违规者进行罚款,村民逐渐养成良好卫生习惯。

二是清理河道卫生。原先村中河道是村民的垃圾场。村民垃圾随意丢弃河中,当雨水泛滥,垃圾被冲刷至岸边,气味令人难以接受。为节省清理成本,村长带头清理河道垃圾,但清理并不能从根本上解决问题,重点是转变村民丢弃垃圾的行为,其中培养村民卫生习惯成为重中之重。

通过不懈努力,三个月之后,龙现村的环境评比从全县的倒数第二跃居正数第一。

(三) 培养乡愁自信

1. 守望家园:"帮大家守着家"

近几十年间,村中劳动力不断向外流出,村庄"空心化"日趋严重。因此,照顾留守老人与儿童便成为返乡侨民的重要工作。"我们村有1200多人口,在国外的有1500多人,留在家里的都是60以上和20岁以下的,大概只有270个人。……我们村干部每天都要到孤寡老人家中探望,询问其需要。大到发展建设,小到换个灯泡、帮老人手机联网、处理邻里纠纷等都要亲力亲为。"(CJX20211025WLQ)

除此之外,在生活方面,因为华侨较多,年轻人邮寄给老人的多为外汇,为方便村中老年人兑换外币,吴立群建立中国首个农村外币代换点。

同时,在治安方面对村两委成员分配任务,严格落实巡视制度,确保村庄安全。

2. 守护乡愁:"挖掘传统性因子"

乡愁形态是传统性与现代性相互融合的村落共同体形态,乡村区别于城市的最主要标准便是其传统性因子。换言之,传统性因子是乡村社会能否留住乡愁的重要衡量标准,但留住乡愁并非一成不变地继承传统性。从长周期视角来看,乡愁底色的内核源自中华民族数千年来农耕文明因子的代际传递及其现代性演进。因此,乡村振兴不仅是好山好水,更应是为乡村的发展注入内在力量。乡愁并不仅是存在于记忆中的片段和摸得到的红砖瓦墙,更要有对优秀传统文化坚定的文化自信。

过去,改变乡村落后主要强调物质财富的作用,而缺乏对乡村精神文明建设的重视。乡村文化作为中华文化的重要构成部分,也是中华优秀传统文化的起点。但随着现代化进程的加快,乡村文化被视为阻碍社会发展进步的落后存在,致使过去的乡村社会发展受到压制,现代技术取代乡村传统的生产生活方式,一些历史建筑和传统村落遭到破坏,市场经济主导的价值正在侵蚀着传统文化。如在推进乡村建设的过程中,以城市的建设理念建设乡村,使乡村本土特色消失殆尽。有鉴于此,振兴乡村不单是建设物质文明,更要加强精神文明建设,挖掘和发挥乡村优秀文化价值。

为此,立足于重塑村庄主流文化价值,合理开发、创新和利用本土的文化资源,彰显村庄文化特点显得尤为重要。龙现村现建有乡村农耕文化展示馆、各国货币展览馆、清风馆、华侨乡愁馆和乡情馆等14处展馆及一个宗祠。宗祠以宗族传统文化为核心,以吴氏宗祠为载体,探寻历史家族的起源、发展,谱写一曲寻根之旅,让人们在古代经典家风家训下得到精神滋养。展馆分布在村落各处,游客在参观展馆时游览村庄,同时感受稻鱼共生的乐趣。实现当地"农耕文化"

"华侨文化""稻鱼文化"与旅游产业的结合，推动"农旅文"融合发展，一方面有利于产业发展，另一方面也能彰显乡村的文化魅力与文化自信，使乡村在发展中保持自身文化的独特性与独立性，避免乡村文化与乡村空间的衰落与消亡。

（四）小结

作为在农业文明基础上成长起来的现代化国家，乡愁是中华文明的根，也是中国式现代化的根。对于有着漫长演进历史的中华民族而言，留住乡愁是乡村振兴的应有之义，也是最深沉的力量源泉。习总书记乡愁思想的核心内容之一是留住美好回忆。包含以下几点：一是绿水青山就是生态的美好品质。建设好、保护好绿水青山是维护人类赖以生存和发展的客观条件，是对自然品质的要求和体现。二是正确处理好传承、保护和发展的关系就是社会发展的美好品质。即在城市和乡村的建设中，保护好人类赖以生存的自然生态环境和人文特色本质，在城市实现发展的同时，自然环境变得越来越好，人文特色得以传承和弘扬。三是记得住血浓于水的乡亲乡情是人思想上的美好品质。城市与农村各有乡愁，但农村的乡愁有其自身的属性。离乡人所思、所想、所牵挂的，是乡村那些具象和不具象的存在，如家乡的朴实乡亲、绿水青山、特色建筑、生活体验、生活技能等。而情绪背后是乡愁的根本，"留住乡愁"所要留住的，并不仅是思乡情绪，更是这种情绪背后的乡土文化，这是农耕文明的反映，也是传统文化的根基。在现代工业文明进程中，随着农业的衰败、农村的衰落以及农民的离乡，这种乡土文化也随着农耕文明的式微，正在不断地逝去，原有的"乡愁"变成了"愁乡"。在中国式现代化进程中，乡村振兴应该彰显乡村自身的历史与文化特质，以现代田园为依托，从实现乡村的"产业复兴"到"文化复兴"再到"人的复兴"，从"记得住乡愁"到"留住乡愁"。

六、结论与思考

(一)作为治理资源的乡愁

乡愁的本质是一种乡土文化,涵盖物化形态、生活方式、风俗习惯、社会规范、价值观念等多个方面,具有补充体制性治理不足的重要治理功能。

本章所阐述的"留住乡愁",不仅仅是一种情感渴望,而且已转化为一种具体的社会行动,这种精神追寻成为乡村振兴的重要动力,成为从浅度参与到深度参与的关键因素,是一种有效的治理资源。近年来,面对脱贫攻坚取得的可喜成绩,我们可以看到新时代乡村发展的无限潜力,乡愁文化与产业发展、乡村善治、生态和谐、文化传承的结合是创新型的一种乡村振兴方式。

为发展乡村,改变乡村贫困落后的面貌,海外华侨广泛回乡深度参与乡村治理。首先,通过带动优势发挥,将自身资源优势带到乡村、融入乡村,与村民们共建共享,不断推进乡村产业发展、民生提质。其次,通过发挥华侨在村庄治理中的主导作用,针对村民所关心的规划问题、环境问题、文化问题、经济问题,凝心聚力、共同商讨、筹集思路,有效破解了当前发展工作中本土干部和群众缺思路、缺方法、缺创新等问题短板,发挥好村民主体作用,让村民以"主人翁"意识参与到乡村的规划振兴中,使乡村的规划更接地气、更切实际、更符民需。从而将"乡愁"转化成乡村前进发展的一种治理资源,夯实基层治理的基石。最后,通过挖掘和利用本土文化资源,坚持传统与现代的有机结合,培养和提升村民的文化自觉和文化自信,从根本上实现"留住乡愁"的目的。

(二)华侨群体价值判断与行动选择的内在逻辑关系

华侨从离乡到返乡参与乡村治理有政府层面的动员,但除此之外,还应看到其中深层次的价值力量,即华侨受到源自于情于理、道德与理性、个体与整体互动而产生的力量牵引。刚开始因为"乡仇"选择离乡外出谋生,若干年后又因为"乡愁"返乡,通过捐款捐物的方式浅度参与家乡发展,再到为了"留住乡愁"深度参与乡村治理,反映了华侨群体价值与行动之间的内在逻辑关系。因此,本章尝试着将华侨参与乡村治理的行为作为一个具体的过程,分析华侨的乡愁变化对其从离乡到返乡浅度参与再到深度参与乡村治理行为的转变作用。

根据韦伯的社会行动理论,在本章中,华侨因为贫困离开家乡的第一阶段是目的理性行动的突出表现。这个阶段,村民作为资源汲取者,个人主义观念决定着其价值取向,也形塑着其行动逻辑。为实现摆脱贫困的境遇和追求更好的生活目标,通过理性判断,部分村民选择离开家乡出国谋生,成为华侨。

到第二阶段,多年积攒的乡愁极大地刺激了华侨的心态转变,传统的观念与秩序深刻地影响着华侨的行事逻辑。韦伯认为情感式行动是为了使那些直接的喜乐、热爱、享受、报复得到满足以及为了抒发直接情感而采取的行动。传统中国社会是一个人情社会抑或熟人社会,感性的作用经常大于理和法的作用。在情理法的架构中,促成社会行动,不仅只有那些看似合乎理性的理由,有时反理性的情绪也可以导致社会行动的产生。我们的生活被人情社会强大的惯性影响着,因此,尽管华侨本可以在国外发展得更好,但是出于对家乡、亲族的情感,他们还是选择返乡,捐款捐物浅度参与家乡事务,希望改变家乡贫困的面貌。

然而,浅度参与的过程和结果使得华侨理解,从根本上改变村庄的贫困格局,留住人才,不能靠单向的资源输入,而应激发村庄内生活力,建立对乡村的自信,这种自信,源于生活自由、淳朴乡风,也源于美好生态或者其他方面。因此,在第三阶段中,拥有丰富资源的华侨,既有村干部职务带来的权威,也有乡村熟人社会带来的人情关系,一方面是村庄的治理主体,另一方面也是村庄的一份子。其行动服务于对义务的信念,不管能否有回报,都认为是对自己提出的要求,即价值合乎理性的行动。这使得清晰的界限很难在价值合乎理性行动和情感性行动之间形成,韦伯指出:"如果为情绪制约的行动以有意识地发泄感情的形式出现,那便是一种升华:它在多数情况下已处于通往'价值理性化'或目的行动或二者兼有的道路上"①。因此,这个阶段是价值理性因素和情感因素的统一。情感因素通常是华侨参与乡村治理行为的一种助燃剂,可以使价值理性行为和情感行为相互转化与强化——若是缺少情感因素的助力,纯粹的价值理性行为也很难长久保持。

因此,随着华侨乡愁层次的变化,参与乡村治理形式也不同。

---

① [德]马克斯·韦伯:《经济与社会》,林荣远译,商务印书馆 1997 年版,第 88 页。

第三章　融入乡愁：文化赋能乡村产业振兴的实现机制

　　乡村治理的关键在于实现乡村振兴。推动乡村产业振兴是实施乡村振兴的重要举措，其中作为关键要素的乡村文化，可为乡村产业振兴注入新动能。而"乡愁"作为一种特殊的乡村文化，可以实现各项要素的融合发展及整体功能优化，发挥出文产融合的加法和乘法效应。因此，如何挖掘与激活乡愁文化资源，在乡村产业振兴中融入"乡愁"是助力乡村振兴重要举措。

　　本章以"融入乡愁"为主题，以湖北省宜昌市万古寺村产业振兴的本土实践为例，展现文化赋能产业振兴的动态过程，探析文化赋能产业振兴的双向联动过程，提炼文化赋能乡村产业振兴的内在机制。

一、背景与意义

（一）背景

　　党的十九大报告指出，"农业农村农民问题是关系国计民生的根本性问题，必须始终把解决好'三农'问题作为全党工作的重中之重，实施乡村振兴战略"①。乡村振兴战略的提出，为新时代我国乡村社会实现全面发展提供了根本遵循。为全面贯彻乡村振兴战略，应"以文化产业赋能乡村人文资源和自然资源保护利用，促进一二三产业融合发展，激发优秀传统乡土文化活力，助力实现乡村产业兴旺、生态宜居、乡风文明、治理有效、生活富裕"②。

面对现代化城市崛起、乡村社会衰败的现实窘境，促进产业振兴成为缩小城乡差距、维护社会稳定的关键所在。实践表明，推动各产业的共同发展和深度融合是实现乡村产业振兴的基本路径。由此引发了一个具有学术价值的现实问题，即在城乡一体化进程中，乡村产业融合该遵循何种发展道路？习近平同志曾强调，"新农村建设一定要走符合农村实际的路子，遵循乡村自身发展规律，充分体现农村特点，注意乡土味道，保留乡村风貌，留得住青山绿水，记得住乡愁"③。习近平同志关于新农村建设的论述，为我们探索新时期乡村产业融合模式指明了方向。乡村产业发展应遵循地方发展规律，而根植并融入乡村社会的乡土文化，既具有内在驱动力，又具备外在激活力。新时代背景下，应重新认识文化之于乡村产业的功能价值。目前，在《"十四五"文化和旅游发展规划》中提及了文化产业赋能乡村计划，④表明"文化赋能"已正式写入国家顶层设计。因此，乡土文化内含经济价值，有助于推动乡村产业振兴。

现如今，我国乡村已从产业脱贫进入产业振兴的全新阶段，乡村产业振兴的重要问题在于如何培育与激发乡村社会内生活力。本章选取湖北省万古寺村作为观察点，其特殊原因在于该村既具有文化赋能的先

---

① 习近平：《决胜全面建成小康社会夺取新时代中国特色社会主义伟大胜利——在中国共产党第十九次全国代表大会上的报告》，人民出版社2017年版。

② 文化和旅游部：《关于推动文化产业赋能乡村振兴的意见》，http://zwgk. mct. gov. cn/zfxxgkml/cyfz/202204/t20220406_932314.html。

③ 王静、吕腾龙：《丰收节里，重温习近平的"三农"情怀》，http://cpc. people. com. cn/n1/2019/0923/c164113 - 31366862 - 2. html。

④ 文化和旅游部：《"十四五"文化和旅游发展规划》，http://www. gov. cn/xinwen/2021 - 06/04/content_5615466. htm。

天优势,同时又处于完善产业融合路径的关键阶段,具体而言:

一方面,万古寺村产业发展至今已自成体系,尤其是传统柑橘产业拥有较好的资源禀赋和现实基础。其一是产业基础。该村得天独厚的自然地理条件孕育了柑橘产业。柑橘产业产生于20世纪70年代,自此经历了多次产业变迁,产业发展历史条件深厚。其二是文化基础。经调查取证,万古寺村是目前我国屈氏聚居人口最多的村落,现存屈氏宗祠等文化遗迹。"屈氏文化"与地处三峡的"移民文化"以及传统民俗文化等构成了万古寺村丰富深厚的文化底蕴。其三是政策基础。宜昌市自2018年来确定了"屈原昭君故里,世界水电名城"的城市定位。通过挖掘历史名人打造该市的文化品牌,彰显源远流长的人文历史与精神品质。以文化的引领性、导向性不断拓展该市产业的纵横发展,带动经济产业的繁荣。同时,县级以及乡镇政府将万古寺村作为重点品牌加以推荐,给予村庄重点支持。万古寺村正是将自身资源与政策倾斜进行有效结合,注重将乡土文化建设融入村庄建设之中,以助力村庄产业振兴。

另一方面,乡村产业面临发展困境。该村产业正处于转型升级的重要发展阶段,如何提高农民整体素质和农产品供给水平是乡村亟待解决的问题。在此背景下,乡村产业更新面临多重挑战。笔者在万古寺村的实地调研中发现,万古寺村拥有较好的柑橘产业基础,但乡村产业的发展潜力有待充分发挥:集体经济有限,仅靠村镇自身力量难以维持产业的持续更替;村庄发展面临产业要素供给不足、农产品附加值较低、产业相对单一等问题。基于此,万古寺开始探索文化创新、产业升级的模式,促进文化资源和产业资源的深度融合。

因此,万古寺村产业发展现状具有一定示范性,本章从文化赋能这一视角对该村产业发展的过程进行分析,并探析村庄产业转型过程中面临的困境,为文化赋能的现实路径提供有价值的措施范本,以期探求乡村振兴的产业新模式。

（二）意义

本章对文化赋能产业振兴过程的充分阐释,既丰富了现有赋能研究,同时对于把脉城乡关系具有重要现实价值。如今城乡关系已进入新的阶段,随着城乡矛盾的不断凸显,新时期乡村产业将何去何从值得深思。因此,在乡村振兴背景下,以赋能为视角,着重探讨文化赋能产业的作用机制与实现路径,兼具理论与现实意义。具体表现为:

一是理论意义。文章以文化赋能产业振兴为主题,以乡村振兴视角下万古寺村产业变迁与转型过程作为研究对象,分析不同阶段产业发展模式与内在动因,试图通过文化赋能的模式解决当前万古寺村产业发展面临的窘境,并提出文化赋能产业的具体实现机制。文化通过整合资源、吸纳参与主体不断扩大村庄资源供给,最终达到供给与需求的良性互动,带动本村经济发展。文化赋能模式的提出,既细化了文产融合过程中的关键要素,又结合村庄实际提炼出具有本土特色的产业发展模式。因此,文化赋能蕴涵了脱贫攻坚与乡村振兴的有效衔接的理论逻辑,对既有的赋能与产业振兴理论具有一定的补充性,丰富与完善了文化赋能理论的实证研究,也拓展了乡村产业振兴的理论路径。

二是现实意义。文化赋能产业振兴是现代农业转型的有益实践探索,具有重要的现实价值。从当前中国农村现状入手,提出文化赋能产业模式,回应了当前乡村发展的实践困境。探索建立具有乡村特色的产业模式,既符合村庄发展自身特点,满足新时期村庄发展与村民自身需求,又避免了一味迎合城市需求的乡建模板。同时,在文化赋能产业的背后,蕴含了对新时代乡村建设困境的思考。基于当前乡村建设"空心化"的现实困境,以万古寺村为例,探究产业发展过程,寻找案例中的共性与问题,总结出文化赋能的一般机制与完善路径。在实行乡村振兴战略过程中充分激活文化,与产业建立衔接机制,并将文化转化为现实动力。文化赋能的模式为乡村实践提供一定的借鉴和指导，以期弥补村庄资源供给不足的弊端，缓解乡村日益衰败的现状。

二、个案介绍

（一）地区情况介绍

秭归作为环一江两山旅游带重要组成部分，东西连接三峡旅游重要景区，南北连接十堰、神农架、宜昌、荆州等地景区，采取"强化中心、点轴开发"的城镇发展战略，重点打造沿江城镇发展带，形成"一主一副，一带三轴"的城镇空间结构。归州镇位于三峡大坝的西陵峡北岸，土地面积128平方公里，辖11个行政村，1个居委会，29990人。归州距今已有3600多年悠久而辉煌的历史，历为国都、州府、县城所在地。其地理位置优越，物质与文化资源丰富，该地盛产脐橙，有"中国脐橙之乡"的美称。归州镇文化底蕴深厚、文化资源丰富，集柑橘文化、屈原文化、红色文化、峡江文化、移民文化于一身。归州种植脐橙的历史悠久，经过半个多世纪的快速发展，目前全镇柑橘种植面积达5.5万亩，年产量达13万吨，年产值达8亿元。此外，归州镇坚持不懈改良脐橙品种，不断丰富脐橙品类，目前已经培育了十几个脐橙品种，形成了一年四季有鲜橙的产业格局。

在县十五次党代会上，新一届县委提出要打造屈原文化发展高地的目标。面对更高的目标，归州决心打造"屈原文化发展标杆区"。归州镇未来主要规划是以现代化农业为主体，以高品质旅游业和高效能物流业为两翼，形成"精品脐橙产销核心区""文农旅融合发展振兴区"协同发展的产业布局。将重点打造归州古城景区和万古寺村，以"大江、大河、大文化"为理念，一是体现峡江文化，二是体现"大河"中的香溪文化，三是"文明复归"，体现"大文化"中的中华道德文明和传统文化的修复和回归，发扬光大中国传统文化。

(二) 村庄情况介绍

万古寺村位于归州镇香溪河东,明末清初香溪河流域 31 个姓氏家族在此建一寺庙,为纪念屈原精神万古流芳而取名万古寺。全村辖四个村民小组 720 户,八个村落 2297 人,全村党员 62 人,村年集体经济达 12.7 万余元。万古寺村是屈氏后裔聚居地,有"中华屈氏第一村"的美誉。千百年来万古寺村一直流传着纪念屈原的传统习俗,每逢传统节日,全村村民自发在屈氏宗祠祭祀屈原,全国各地屈氏后裔前来寻根祭祖。据不完全统计,目前全国屈氏后裔约在 130 万人左右,而每年来屈原祠参观祭拜的后裔有 4000 人左右。2008 年,国家自然与非物质文化遗产首席专家乌丙安与万古寺村屈氏后裔祭祀屈原。2011 年山东枣阳屈氏后裔来万古寺村寻根问祖。同年 5 月,重庆邮电大学师生来村调研屈原"老家"。2012 年文化部再次举办以"屈子心·爱国情"为主题的屈原故里端午文化节。2022 年 1 月 5 日中央电视台《记住乡愁》栏目组开始在万古寺村拍摄《四季橘香·万古流芳》节目,1 月 21 日顺利完成拍摄后转入后期制作阶段,2022 年 2 月在中央电视台国际频道向全球播放。

万古寺村拥有深厚的文化之根,因此在推进经济建设的同时,全村更加重视文化建设,更加关注产业的深度融合,以突破传统的产业边界。该村既具备文产融合的现实基础,同时迎来了重要的发展机遇。万古寺村是秭归县名优脐橙产业示范区,全村柑橘种植面积 3800 亩,年产优质脐橙 6000 多吨。全村立足传承屈原文化,弘扬屈原精神,整合库区项目综合开发,紧紧围绕"民俗文化示范村、生态农业度假村、民主富裕文明村、安居乐业幸福村"四村目标,以"五屈"为载体,培育寻根文化,以屈氏文化、龙舟文化为核心全力打造"中华屈氏第一村"。建设"一园一祠两基地",即橘颂博览园、屈氏宗祠、屈原故里龙舟基地、端午民俗传承保护基地。万古寺村以修复建设屈氏宗祠为核心,打造全国屈原文化交流基地,吸引海峡两岸屈氏后裔在此寻根问祖。统筹推进文化保护与传承和产业绿色可持续发展,提升村庄风貌以及增强村民获得感、幸福感。2017 年万古寺村被授予"全国文明村",先后被评为湖北省文明村、湖北省卫生村、湖北省宜居村庄;2018 年万古寺村龙舟文化节入选"中国农民丰收节"100 个乡村文化活动名单;2020 年 1 月荣获首批"国家森林乡村"。

表 3 – 1　万古寺文化资源分类表

名称	简介	属性
屈氏宗祠	清朝嘉庆年间扩建的屈氏宗祠,成为本地屈氏认祖归宗的重要物证	核心资源
屈氏宗亲会	天下屈氏宗亲会主要是缅怀祖先,弘扬祖德,团结宗亲,续续文化,传承命脉的活动,邀请世界各地的屈氏宗亲共同参与	
屈家老屋	村庄历史古迹较为丰厚,依托地方物质载体,提炼文化主题。并利用历史文化资源,转化为丰富的产品体系	文化遗迹
贯垭起义墓址		
屈真墓		
屈廷祥民居		
李应修老屋		
四十八道门		
仙女岩		
薅草锣鼓	薅草锣鼓被列为非物质文化遗产,形式热闹、内容丰富,锣鼓歌承载后汉诸多历史,唱腔变化多端,共九腔十八板	民俗活动
传统文艺活动(赛龙舟、九子鞭、采莲船、舞狮子、玩龙灯等)	利用春节、二月二龙抬头、端午节等重大节日,组织村民开展各种有益的文化娱乐活动,展现特色民俗活动	
橘园	四季精品橘园春有肉橙和伦晚脐橙,夏有夏橙,秋有屈乡秋橙,冬有纽荷尔脐橙,实现了一年四季都有柑橘采摘	

名称	简介	属性
龙舟基地	借力于万古寺村龙舟赛,结合绿色休闲健康体验,营造休闲运动理念。同时结合田园农事、农家民宿、长江两岸自然风光农家风情,打造慢生活风情,以慢生活、亲田园、品乡愁为吸引点	综合人文资源
屈子书院	通过修缮宗祠,新建房屋,并配备绿化步道等设施,深化地方传统文化	
文史馆	依靠新技术,对传统农耕文化、村史进行展示,收集展示农耕物品,以传承和保护传统文化	

三、赋能背景:产业转型的现实困境

乡村兴则国家兴,乡村产业状况影响城乡关系走向,进而关乎社会稳定。产业振兴不仅为村民提供创收渠道和生活保障,还为乡村社会汇聚人才和社会资源。通过梳理万古寺村产业发展的演进脉络,可以发现柑橘产业经历了不同发展阶段。如今,依靠独特的自然禀赋发展起来的柑橘产业已成为当地的支柱性产业。虽然该村柑橘产业已走在秭归前列,具有自身特点和优势,但受制于市场、资金和人才等因素,产业发展面临现实困境,产业模式仍有深化的空间。

(一)产业发展的演进脉络

在乡村振兴的背景下,乡村社会面临着产业转型的重任,新的消费增长点为传统产业提供了新的发展契机。在此背景下,梳理万古寺村产业发展的历史脉络有利于总结村庄产业发展瓶颈,以挖掘产业发展潜能。回顾万古寺村产业发展的演进过程,主要经历了以下阶段:

1. 第一阶段:文产分离

改革开放之前,我国乡村社会的产业结构较为单一,主要以传统种植业为主。1959年,归州镇开始发展多种经济,在彭家坡村试种甜橙(广柑),通过多年探索,获得成功并开始向其他村庄推广,但收效甚微。当时万古寺村还尚未引进柑橘,全村以种植小麦、玉米和少量的水稻为主。村庄主要的经济作物是桐树,村民们通过种植桐树炼油获得经济收入。"当时也有一部分柑橘树,但不是橙。只是小规模种植,全是集体所有,大概种了1000多亩,但其并不是主要经济作物,主要的还是桐子树、木子树,村民靠种植桐树炼油来赚钱。"(XYJ20211213QJM)

1979年归州镇开始规模化种植柑橘,全镇种植面积达到386亩。1985年以后,归州镇柑橘产业发展更为迅速,引进了罗宾逊脐橙、朋娜脐橙等新品种。土地分包到户之后,受政策的引导,万古寺村从80年代开始种植罗宾逊脐橙,实现本土广柑到脐橙的转变。随着脐橙种植局部试点的成功,脐橙开始在全村进行大面积种植,但由于存在生产技术不完善、柑橘生长期较长等限制性因素,柑橘收益甚微。为了提高价格优势,90年代末县柑橘科研所邀请专家对柑橘进行了品种改良,采用嫁接新技术,引进伦晚等柑橘新品种,柑橘收益明显提高,成为村民增收的主要渠道。随着柑橘市场的打开,产品优势逐渐弱化,导致柑橘销售出现瓶颈。此后,为了缓解村民种植的盲目性状态以及提高农产品的竞争性,2008年对柑橘进行了第三次品质改良,改变柑橘一年两季的生产状态。"第一次就是广柑变为脐橙,脐橙变为主要的经济作物;第二阶段是脐橙试验成功后进行推广,这个阶段是80年代到2000年;从2000年开始柑橘售卖出现问题,便开始了柑橘的改良。"(XYJ20211213QJM)

总体而言,万古寺村柑橘产业的发展经历了从无到有、从有到优的过程。在此阶段,产业发展主要呈现以下特征:

一是文化资源尚未得到有效开发,农业与二、三产业基本处于分离状态,产业模式以生产生活为导向。马斯洛的需求层次理论表明,出于生存性需要,人们需要满足基本生活的物质性需求。在产业发展的第一阶段,农民的生存性需求是产业兴起与发展的开端。以生产生活为导向的产业发展模式,是为了解决农民迫切的生产生活问题而非追求产业的功能性。"我们村委会和周边主要种植水稻,家庭联产承包责任制之前,我们土地比较少,难以自给自足,生活比较艰难。至于为什么突然就发展脐橙,是因当时我们有外贸组织。由于经济困难,外贸组织试图寻找新的途径增加收入。而柑橘经外贸销售到国外,意外获得了增收,政府就开始扶持村里进行种植。"(XYJ20211213QJM)

二是由于经济社会条件的匮乏,难以维持农民基本的生活需要,因此"解决生计"成为产业发展的主要特点与目标。在此模式下,由于土地资源禀赋不足,农民的产业行为蕴涵着以家庭为单位的经济逻辑。[1] 农民可选择的产业范围较小,产业主体尚未形成多样化的产业发展思维,其参与行动能力更是薄弱。具体表现为:在产业基础方面,技术条件、人力资本条件较为薄弱,产业发展完全依靠村民自发与政策引导,乡村社会还停留在传统农业阶段。乡村产业处于低水平发展层次,辐射范围较小。在产业运作方面,产业仍停留在单一经营、传统种植、分散经营阶段,柑橘产量较低,农产品仅作为初级产品流入市场,供给处于粗放水平。[2] 在产业收益方面,农产品产生高收益的能力较弱。柑橘种植呈现零散化、单一化的特点,产业多为短期收益。

2. 第二阶段:文产联结

品种改良打开了脐橙销路,自此万古寺村开始规模化种植脐橙。2008 年经过第三次品改,形成了"一年四季皆有橙"的场景,提高了柑橘产量。该村的脐橙因品种多、质量佳成为远近闻名的"热销品",柑橘成为构成该村核心竞争力的支柱产业,种植柑橘成为村民稳定的经济收入

---

① 黄宗智:《中国的新型小农经济:实践与理论》,广西师范大学出版社 2020 版,第 4 页。
② 葛新权、和龙:《促进我国农村产业融合发展的政策取向》,《经济纵横》2017 年第 5 期。

来源。但随着柑橘市场的饱和，如何进一步提升产业附加值成为产业发展面临的现实问题。在此背景下，2009年秭归县委宣传部与三峡日报联合组织开展了"屈原后裔寻访"活动，并发布了《万古寺：屈原故里屈氏第一村》的新闻报道。经过专家考究，该村屈原文化和楚文化资源丰富，有明确记述屈原后裔的古遗迹和宗祠古建筑。据相关专著记载，该村是现存屈氏人口最多的村落。"县镇主推万古寺的原因：第一村委班子团结，村委想作为，能作为。第二有历史底蕴，文化深厚。第三百姓民风好，对村中工作比较支持。"（**XYJ20211217HKX**）

文化资源的挖掘为村庄产业提供了新的发展契机，在基础设施改造、公共服务供给方面赢得了政策与资本的支持。村庄公路基本硬化、污水处理网基本铺设完成，并在全村范围内同步建立村落文化活动场地和文化布展，建立并改造优势区精品果园等一系列措施极大改善了产业转型升级的客观条件。至此，村庄产业迎来了新的发展阶段，乡村产业与丰富的文化元素初步连接，传统农业的多功能性逐渐显现。主要表现在以下方面：

一是配套支撑基本落实。万古寺村丰富的文化资源禀赋既满足了政策推广的需要，又迎合了新时期乡村产业转型升级的现实需要。因此，为村庄建设赢得了良好的资金投入与政策倾斜，提高了产业配套设施整体建设水平。除了基本的乡村道路的修建与完善，果园田间道路修建、生产生活用水项目以及坡地改梯田项目都已基本完成。便捷的交通、基本完善的公共设施为产业发展奠定了基础。同时产业发展历史悠久，使乡村技术培训、教育推广等保障和服务体系相对成熟与完善。

二是农产品附加值凸显。文化的加持使农产品的价值得到扩展，满足了消费者对农产品和文化产品的双重需求，端午习俗、屈原传说、龙舟竞渡进一步提升了柑橘产业的美誉度。在此阶段，村庄的文化资源逐渐由农业产业向其他产业扩散，利用文化资源的优势，将进一步转化为高附加值的新型服务业。目前，万古寺村的传统柑橘产业已经与服务业渐渐融合,产生新的消费导向,村庄涌现出农家乐、民宿以及采摘园等复合型农业服务业以及直播、电商等新生业态,使农产品的销售方式得到拓展。"大概九几年时就已经形成了大规模的外地客商进村收购模式。后来也出现了代收,代收的是当地人,与老百姓比较熟悉。代收人将本村人的柑橘收集起来,与外地客商联系收货,已经形成固定的售卖模式。尤其近两年我们电商发展也较快,通过抖音平台、微信群等网络售卖的方式,扩大了柑橘销量。"(XYJ20211215YB)

三是产业动员力逐渐增强,并形成了村庄自发性服务组织。通过寻根文化建立情感与价值的纽带,提高离乡农民参与产业发展的主体性。部分离乡农民在见证村庄发展之后愿意回乡建设。"近几年村里发展机会比较多,家乡发展得挺好。路修得好,村里景点也在不断建设,我们居住环境相较之前有了很大改善,回家之后方便照顾家庭。另外也觉得是一种商机。从个人来看,我觉得村里带头人带得很好,很有能力,我与书记的想法不谋而合。年轻人在村里比较少,我想留在村里,想通过我个人的努力为村庄发展作出一点建设。"(XYJ20211215QS)

同时,在村庄带头人的带动之下,能够有效吸引人才反哺产业发展。乡村能人具有市场需求导向和竞争意识,积极抓住产业建设与外部环境的机会。在乡村能人的带动之下,田间轨道、快递代收以及服务产业不断苗壮成长,克服乡村社会内部资源条件的不足,并带领更多农户进行产业的品牌经营,促进农业的创新发展。此外,产业不断发展对村庄内在供给提出了新的要求,村庄自发性的协会组织开始出现,管水协会、柑橘协会、红白理事会等组织涵盖了生产生活、经济文化等多个层面,极大地激发了村庄的内在自主性。"村里自发组织形成了采果队,当采摘劳动力不足时,农户以雇工形式雇采果队来组织采摘。红白理事会主要负责村庄的文化活动,由非遗继承人和民间文化爱好者自发组织,并号召广大村民积极参与,在民俗节日中和交流活动中开展文化演出;柑橘协会主要负责柑橘嫁接技术;管水协会则是主要负责村民在生产生活上的用水,村民自发组织,主要有理事长、会计等五位成员。下一步是计划收水费,用于协会日常设备的维护与支出等。"(XYJ20211214XF)

在此阶段,村庄产业模式逐渐显现出新的特征。主要有以下内容:

一是以政策引导为导向。乡村社会的发展离不开政府的主体推动、责任意识和自觉行为,所以在乡村振兴中理应强调政府的引导作用。[1]政策导向是政府基于实现基层治理有效的政治逻辑、乡村经济社会发展规律的现实逻辑,通过"有形之手"影响资源配置,推动乡村社会的实践进程。纵观万古寺村产业演变的整体脉络,政策导向一直贯穿于产业变迁始终,是产业演进的鲜明特征。一方面,实现了由宏观引领到注重微观需求的转变。针对不同阶段产业发展的侧重点,从开始的"满足生计"到追求产业增加附加值,政策导向走过了产业扶贫与产业振兴两个阶段,并致力于做好二者之间的衔接。针对农村基础设施落后、生产技术落后等状况,政府通过投入资金改善产业发展条件,并围绕技术培训开展产业扶持,通过品种改良和技术培训提高农民生产技能,增加农民收入。在产业振兴阶段,政策致力于满足村民多元化的发展性需求,注重村民个体感受,以提高村民自我发展能力与整体行动能力。在满足基本的生产需求的前提下,关注村民的精神性需求,通过开展文化活动,发掘文化资源契合村民的精神需求,增强村民的归属感与认同感。"村民参加文化活动的热情蛮高,像我一样自愿参与的人很多,没有参加的人还会抱怨没有提前联系他。一般是跟着老师学习,平时排练是在各自村落排练,排练好了就参加活动。在日常文化参与方面,我们村民都很积极。尤其是我们女同志喜欢跳广场舞,晚上我们一个村至少有四到五个跳广场舞的活动场地。村里有活动时,村委提议,大家自愿组织、自愿报名,想参加什么就报名什么活动,然后把节目单上报再由村委审核。"(XYJ20211214QTD)

---

[1] 李国新:《强化公共文化服务政府责任的思考》,《图书馆杂志》2016 年第 4 期。

另一方面,兼顾价值理性与工具理性。政策引导反映了政府这一主体渗透乡村社会的行为逻辑。在产业发展过程中,受服务导向、政绩导向以及职能定位的客观要求,政府具有保障人民基本权益、改革创新、引领产业发展的责任使命。"柑橘种植出现过几次品质不太好的情况,针对这种情况,政府也采取了一种措施就是退耕还林,另外也进行技术培训。海拔不同种植的品种也不同。然后老百姓经过实验,才慢慢形成今天的局面。"(XYJ20211215YB)

二是以市场需求为导向。在城市化、市场化的浪潮下,以血缘为基础、地缘为纽带的乡村社会受到市场经济不同程度的渗透,产业模式逐渐受市场需求影响。市场导向即以用户需求为导向,市场通过"无形的手"影响产品开发、技术升级和组织创新。首先,以市场需求为导向的产业模式体现了农民在乡村社会发展中逐渐走向主体性地位这一特征。在产业发展起始阶段,普通村民的非主体意识较为浓厚,在村庄建设中主体能动性较弱,"被动式"地参与产业改革,"等、靠、要"的思想观念束缚其自主性的发挥。① 但随着市场观念的涌入,农民的参与意识被激活,主动迎合市场需求自发性地参与到服务供给、产业建设的过程中,结合市场需求不断对农产品进行品质改良,并具备一定的营销观念。其次,市场在产业发展的各环节的功能逐渐增强,表现在组织学习、要素创新等方面。面对快速变化的市场环境,乡村产业想要抢占发展先机,就必须提高组织的学习能力,促进传统产业不断调整和创新来应对市场变化,包括管理与技术层面的创新,以增强产品与服务的优势。在市场需求的驱动下,传统产业由"加强量"向"提升质"转变,建立了水肥一体化的精品果园。"时代不一样了,对橙子的大中小果有要求,有的人就需要礼盒装,在营销和包装上还是需要改进,我现在的理念就是提高品质。"

---

① 李少惠、王婷:《多元主体参与公共文化服务的行动逻辑和行为策略——基于创建国家公共文化服务体系示范区的政策执行考察》,《上海行政学院学报》2018年第5期。

(XYJ20211214QYF)"我们村产业发展现在还面临一个突出问题,就是人多地少,产品不能以量取胜,所以就只能以质取胜,今后应着重提高我们脐橙的品质,将我们脐橙品牌打出去。"(XYJ20211213LAX)

(二)产业转型的现实困境

赋能目的在于促成文化与产业之间的高效互动,最终形成系统性产业运作模式。但结合万古寺村庄产业发展的实际状况来看,产业现状距离赋能过程中文产深度融合阶段仍有差距,在主体吸纳、价值塑造、人才组织以及服务供给等方面面临不同程度的困境。

1.参与困境:参与主体有限

产业振兴必须要发动村民的广泛参与,村民实质上的参与表现为"在决策及选择过程中的介入、贡献与努力、承诺与能力、动力与责任、乡土知识和创新、对资源的利用与控制、能力建设、利益分享、自我组织及自立等方面"[①],而非流于形式。因此,产业振兴依赖于共同体内部或外部人力资源的全方位调动。政府和社会组织是资源提供者、村委会是支持者和协助者,而村民是产业建设的最广大主体,是决策者和执行者。但在实际上,村庄产业仅依靠政府、村委班子的单向推动,在产业建设中显示出村民参与的非均衡性、非实质性等问题。传统乡村是以血缘为基础、地缘为纽带的自治社会,人们"生于斯、长于斯",乡村社会有着稳定的群体与归属边界,村庄人口流动性较低。但随着现代化社会的快速发展,村庄边界被打破,由于传统产业产出的经济效益有限,其吸引和辐射主体的作用弱化,产业发展面临参与主体有限的现实困境。目前万古寺村一半以上的村民外出务工,人口流失严重以及老龄人口较多,普通村民自发参与的主体性较为薄弱。

---

① 叶敬忠、陆继霞:《论农村发展中的公众参与》,《中国农村观察》2002 年第 2 期。

此外，乡村产业建设的困境在于"乡村运动，乡村不动"。① 村民是乡村产业振兴的主体，也是乡村产业收益的享用者。但在乡村地区，村民还普遍抱有非主体意识，仍认为自身只是产业的享用者而非"参与者"，缺乏对自身作为乡村建设主体的全面认知，导致在技术革新、产业优化等方面参与意识极端弱化。一些集体经济项目、文化产业品牌创建项目无人回应，村庄产业停留在低加工水平，致使现代化的文产体系缺乏广大群众持续性参与，导致文产融合的过程仅依靠政府、村委推动，普通村民参与有限，甚至呈现出无参与、零反馈的态度。

2. 观念困境：价值共识式微

激活乡村产业的内生动力，需要转变村民的思想观念，为文产融合的工作机制奠定思想基础。传统乡村社会形成了以"礼"为核心的公共价值与行为规范，是乡土人长期积累下来的共同生活经验，形塑着村庄公共性。② 由村落公共性建构起的权威体系，是传统乡村稳定结构的一部分。但如今在现代社会的浪潮之下，维系乡村社会的基本价值规范遭受冲击，村庄公共性面临着流失窘境。在此背景下，乡村社会原有固化的成员结构、交往方式与价值规范正面临瓦解，乡村社会的民间伦理规范正面临失效，乡村社会的基本秩序难以维系，并显示出"传统性有余、现代性不足、被动性为主、解离化明显、意识形态弱化"的阶段性特征。③

基于此，传统乡村社会的本土性价值和基本道德所发挥的调解、规范、约束能力不断减弱，村庄共同体意识式微，从而导致公共价值对于村民的维系作用逐渐弱化，乡村社会产业发展正在经历"价值窘境"。客观而言，公共价值式弱，导致其消解矛盾、整合行动的能力有限，村民在文化道德素养、思维方式和价值观念上局限在个体本身，思维较为狭隘，一

---

① 梁漱溟：《乡村建设理论》，上海人民出版社 2006 年版，第 368 页。
② 费孝通：《乡土中国 生育制度 乡土重建》，商务印书馆 2011 年版，第 53 页。
③ 鲁小亚、刘金海：《乡村振兴视野下中国农民精神文化生活的变迁及未来治理——基于"社会结构—精神方式"分析路径》，《农业经济问题》2019 年第 3 期。

时之间难以拥抱变化,难以融入产业发展的新样态。同时,村民的文明
程度参差不齐,将导致个体的集体认同出现偏差,难以为产业发展提供
情感支持与实践动力。① "缺点就是硬件的缺点。另外是软件方面,是指
服务人员的专业素质问题。第三是老百姓不能融入到我们发展的长期
规划中去。最大的问题还是老百姓思想的问题,老百姓才是我们做这个
事情的主体。"(XYJ20211215QWS)

3. 组织困境:人才建设滞后

乡村人才振兴是实现乡村产业功能优化转型的根本保障。② 人才是
乡村最具活力和最主动的因素,经济发展主要取决于人力资本水平。③
人才资源的投入,直接影响着乡村产业的水平层次与实施效益。实现产
业的全面振兴除了需要政府主导、企业推动之外,更需要人才力量。而
今随着社会转型,城乡二元对立矛盾突出,"空心化"已成为乡村社会典
型特征,导致乡村人才流失严重。产业振兴对人才的需求超出了当前乡
村人口的能力承受范围,乡村在推进乡村振兴战略过程中暴露出了人才
瓶颈。④ 具体表现在:

一是留下人才面临困难。由于经济基础与收入结构的变化,乡村社
会与城市在医疗、教育等基础条件存在较大差异。城市化与市场化吸引
了大量农村青壮年劳动力与乡村精英,打破了传统乡村社会的内在循
环。年轻一代出于个人生计或发展的考量,选择离开家乡,使村庄建设
丧失了丰富优质的人力资源,直接导致村庄劳动力不足。此外,吸引离
乡人才和区域外人才返乡的条件薄弱。越来越多的村民回不去乡村,既

---

① 曹海林、任贵州:《农村基层公共服务设施共建共享何以可能》,《南京农业大学学报(社会科
　学版)》2017 年第 1 期。
② 朱海波、毕洁颖:《巩固拓展脱贫攻坚成果同乡村振兴有效衔接:重点方向与政策调试——针
　对"三区三州"脱贫地区的探讨》,《南京农业大学学报(社会科学版)》2021 年第 6 期。
③ [美]西奥多·W·舒尔茨:《改造传统农业》,商务印书馆 2006 年版,第 150—175 页。
④ 唐丽霞:《乡村振兴战略的人才需求及解决之道的实践探索》,《贵州社会科学》2021 年第
　1 期。

是"不愿",也是"不能"。① "人才不愿进,进来留不住"现象普遍,削弱了乡村产业振兴的根基。"农村留不住人不止是我们一个村庄的问题,大部分村庄现在都面临此类困境。乡愁也是要留住人,文化才能发挥作用,要把产业带动起来。我们现在提倡'文化＋产业'的发展模式,但是年轻人不回来,所以各项活动的推行还是比较困难。村庄年轻人外出打工挺多的,在外工资待遇较高,年轻人过年过节才回来。他们生活圈已经不在乡村,消费、生活已经脱离乡村,不太方便,消费层次不一样,回来以后也会感觉融不进去。整个年轻群体的参与基础比较差。"
(**XYJ20211215QWB**)

二是人才难以组织。乡村社会人才有限导致人力资源难以组织。村民受教育程度较低,接受新知识、获取新技能的能力不足,其思想观念与发展意愿存在滞后性。知识与能力的欠缺导致普通村民无法真正地参与到产业发展过程中,甚至会让村民主体丧失对产业资源的实际支配权与控制权。总之,乡村社会的空心化导致乡村社会的优质人力资源持续不断地由乡村流向城市。个体农民力量小而散,万古寺村产业发展遭遇"组织"难题,产业建设被精英俘获,成为村委干部和少数能人的"独角戏",导致村集体丧失公共性、组织功能僵化弱化。②

4.供给困境:配套设施落后

完善的产业设施是产业优化升级的基础,但就现状而言,产业优化升级的基本要素存在供给不足的状况。供给不足源于资金筹集、设施维护等层面存在难点。

一是村庄收入渠道狭窄。一般来说,乡村基础设施建设资金主要依靠政府支持与村庄自筹,但村庄集体经济式微、缺少社会资本支持,仅完全依靠政府资金投入来改善乡村基础设施建设,造成乡村在产业发展过

---

① 费孝通:《乡土中国》,人民出版社 2008 年版,第 161—170 页。
② 王进文:《带回农民"主体性":新时代乡村振兴发展的路径转向》,《现代经济探讨》2021 年第 7 期。

程中一直处于弱势地位。一旦资金断裂，整个产业建设体系将遭受打击。万古寺村集体经济收入主要来源于租金与公益林补贴，乡村金融体系发展缓慢，导致在产业发展的各项环节中缺少金融产品的支持，难以支撑乡村产业完成质的飞跃。"一是村里两百亩柑橘园承包给别人，每年 51000 元。二是我们旁边的民俗文化中心租给项目部的在用，每年50000 元。第三是公益林补偿，每年大概 22000 元。总共是 127000 元。但集体经济收入太少，丧失了物权、开发权，没有强大的能力去及时调解矛盾与处理问题。"（XYJ20211215QWB）

　　二是产业升级条件不够充分。资金不足直接限制基础设施的水平，农田水利建设以及交通条件等基础设施有待强化。当前基础设施基本建成，但如今智慧农业的发展对生产条件提出了新的要求，现有公共基础设施水平无法满足产业转型与技术革新的需要。具体表现为万古寺村供水、排水设施还比较落后。供水管网布局不合理，排水设施还处于屋前屋后沟渠直排、生活污水沿路流淌的现状，影响村内的交通卫生，不能满足现代化产业的需要。同时，村内娱乐活动场所较少，限制了科普宣传和文化娱乐功能的发挥。"我们村里现在发展民宿，最主要的是用水困难。我们村水资源主要来源于山泉水，村里用水整体比较紧张，经常是各个村落相互调剂，水是村里最大的问题。我们做服务行业，如果基础条件得不到满足，也没有办法发展。目前还是希望用水设施能够得到改善，水资源紧张的状况得到缓解，希望能够随时用随时来，不用老给管水协会打电话。"（XYJ20211216QW）

　　三是农业生产性供给不足。生产性供给不足是乡村产业转型升级的限制性因素。在农业教育、技术推广等要素上长期供给不足。面对新兴的产业销售方式，忽视对现代网络技术的运用，产业智能设施设备和技术革新缓慢，导致乡村难以建立统一化、信息化、专业化的产业供给和产品配置体系，致使村民在产业种植、销售方面存在信息流通障碍，信息不对称使传统产业脱节于市场需求。"村民进驻平台的不多,因为技术方面大家都不太熟练。这个需要一个团队来运作,也没有建立专业化的运营公司,我们大部分村民主要是依靠微信朋友圈进行售卖或者县城里的电商进行代收。"(XYJ20211214QYF)

(三)小结

文化与乡村社会、乡村产业密切关联。纵观万古寺村发展历程,并剖析产业面临困境,可以得出村庄产业发展现状的基本结论,该村既具有产业融合优势,又亟待进一步对产业模式优化升级,为文化赋能打造良好基础。具体而言:

一是产业发展具有阶段性。在不同的发展阶段,万古寺产业目标有所不同。因而应立足村庄发展实践,结合村庄实际条件与资源,明确各个阶段应解决的问题,有针对性、有步骤地实现产业的转型优化,同时注重各个阶段产业发展的连续性与关联性。二是产业发展具有文化优势。在产业转型中,文化是万古寺村产业发展不可忽略的要素。在产业发展规划上,万古寺村委积极抓住文化资源优势,并结合村庄传统民俗,将产业与文化进行联结,试图建构文产相契合的产业体系。三是产业发展面临现实难题。产业发展在具备良好资源禀赋的同时,也存在供需脱嵌等现实困境。文化资源虽已被重视,但仅是将其简单植入到产业中,尚未实现文化要素对整个产业过程的完全覆盖,"软件"和"硬件"都很薄弱。

综上,万古寺村产业实践表明,"文化 +"模式已成为该村产业转型的有益尝试。但现存诸多问题,亟须对产业要素、产业结构、产业模式进行再调整,这意味着产业转型不仅要遵循产业与市场规律,还应重视农民诉求,关照其发展性、精神性需求。因此,坚定走文化赋能的道路,注重文化对乡村社会的浸润,将成为万古寺村产业振兴的内在推力与创新力量。

四、赋能过程：文产融合的实现路径

针对万古寺村产业发展的现状以及困境,村庄在产业过程中不断调适模式。沿着文化赋能的实践逻辑,走出了一条"以文促产、以文化人、以文润村"的行动理路。文化赋能是文化要素与产业要素深度融合的动态过程,实质在于以乡村文化资源为基础,使乡村供给的产品能够满足消费者的新需求。满足需求的同时激发了村庄的内生性,使文化发挥出吸纳主体、整合资源的功能,从而拉动乡村新一轮供给,以满足村庄外部性需求,最终形成供需闭环。因此,文化赋能要求产业发展的每一阶段能够完整地呈现农业的多功能性,每一环节都应实现农产品的价值增值。以赋能视角来审视村庄的文产实践,主要经历了以下环节:

(一)要素适配：产业发展的基本原则

文化与产业多维目标之间的充分耦合是实现文化赋能的前提。应坚持带动性、融入性和整体性的原则来整合乡村内生资源,进而寻求有利条件使赋能作用机制切实有效运转起来。乡村内生性动力是实现文化与产业深度融合的动力基础,应尊重乡村社会的主体性,实现乡村文化、产品价值、生产技术等要素充分契合,真正构建起文化赋能产业振兴的长效机制。

1.遵循底层逻辑

产业振兴的关键在人,产业建设不能仅靠高位的政策推动,其背后蕴涵着遵循"以人为本"的底层逻辑。赋能理论强调主体"参与"和"赋权",文化与产业融合过程中注重目标群体的主体性与参与性。[1]

一是遵循村民的主体性地位。产业的接续发展离不开对村民主体

---

[1] 毛绵逵、李小云、齐顾波：《参与式发展：科学还是神化》,《南京工业大学学报(社会科学版)》2010年第2期。

的构建,应树立"以人为本"的发展理念。以农民的切实需求为导向,充分发挥农民的主体性作用。在构建乡村公共空间、提供公共服务以及开展乡村活动等层面,都应树立"底层思维"。具体表现为:了解农民日常生活习惯与行为方式,使乡村成为农民情感抒发与需求表达的有利载体;通过农民喜闻乐见的方式将文化产业符号融入与渗透到农民生活的方方面面,从而强化农民的恋土情结,激发农民的参与意识。

二是赋予村民参与的动力。在培养村民主体性的基础上提高村民的参与性,赋予广大村民在乡村建设和日常生活中更多的价值与乐趣,使其自愿并积极参与农业生产,创造出产业最大效益。农民的主动参与是文化赋能产业振兴的重要内源动力,应注重赋能方式的可接受性、可选择性。在产业发展过程中关注村民是否接受、是否参与,实现由"被动接受"到"主动参与"、由"自上而下"到"自下而上"参与路径的双重转变。万古寺柑橘产业发展至今,村民在种植、管理、采摘以及销售等已具备一定的参与意识与组织能力。因此,村庄注重村民生产技术能力的提升,以提高村民自我管理、自我服务的能力。此外,文化项目的落地实施过程中,赋予村民在其中的决策与执行身份,明确村民主体的发展需求,使文化产品与文化活动成为村民切实所需。

2. 契合乡村场域

在乡村治理现代化过程中,始终存在"城市优于农村"的预设,但无论是从产业发展本身来看,还是在要素叠加层面而言都应充分满足村庄内生性需求,符合乡村社会发展实际。如此,才能为产业优化更新获得广泛的价值认同,为文化赋能机制的有效运转构建强有力的认同基础。契合乡村场域包括多个层次,首先是文化与产业二者的开发应牢牢根植乡村实践,其次是注重乡村社会的本土性特征,具体包括以下内容:

一是与乡村的"地域性"匹配。乡土社会内含着深厚的文化底蕴,具有鲜明的地域特征。外部资源输入应根植于乡村社会而非一味迎合城市模板,应遵循地方产业、文化发展的实际需求和自身特色,注重村民的美好生活体验而非盲目照搬其他地方经验。产业扶持与文化输入应以满足村民需求和符合村庄发展实际为前提,依托乡土知识和内生性资源开展产业项目。基于此,政府提供的文化产品应以村庄内在价值为出发点,扭转一味依靠外部植入资源的行政化方式。① 应从地方实践出发,挖掘村庄内部的传统资源,从而打造"一村一品"和"打动人心"的文化产品。② 万古寺目前已将具有地方特色的传统民居进行保护性开发,并对村庄文化遗迹进行修缮,相对完整地保持村庄特色风貌,以拓展村民文化参与的公共空间。同时加强对乡村生态空间的保护,展现原汁原味的生态环境和浓郁独特的乡风民俗,为后续文产融合打下基础。

二是与乡村的"乡土性"匹配。传统乡村社会依托熟人社会,依靠内生性的道德规范、伦理规则加以维系,乡土性是乡村社会的重要特征。若只考虑市场需求,追求经济效益而忽视基层社会的话语表达,文产融合道路将脱离产业振兴的价值遵循,偏离乡村振兴的政策目标。因此,在保持乡村原有底色的基础上,文化与产业的深度融合既要考虑文化是否"接地气",又要将产业规划置于乡土实践中,与传统农民所依存的乡土性相一致。③ 因而,无论是国家意志推动的文化项目,还是村民日常文化生活与生产方式的构建,都应强调乡村的差异性、自主性,重视乡土社会的情感叙事与政策表达,关注村民的精神需求,使村民们进一步感染、认同乡土文化。④

(二) 要素激活:推动供需内外互动

要素激活建立在产业与文化要素适配的基础上,即对系统内部的生

① 宋雄伟:《政策执行网络:一种研究政策执行问题的理论探索》,《国家行政学院学报》2014年第3期。
② 鲁可荣等:《民族地区精准扶贫与乡村价值再造——基于云南省禄劝县扶贫项目的实践反思》,《浙江师范大学学报(社会科学版)》2017年第3期。
③ 徐勇:《国家化、农民性与乡村整合》,江苏人民出版社2019年版,第5页。
④ 任贵州、曹海林:《乡村文化治理:能动空间与实践路向》,《云南民族大学学报(哲学社会科学版)》2021年第5期。

产生活要素进行全方位激活。应不断挖掘产业与文化之间的内在联系，并构建优势平台，以汇聚二者优势。此外，注重农业的多功能性，使乡村提供的农产品以及生产服务充分满足外部性需求。因此，既要"外在塑形"，搭建好产业发展的服务平台，又要"内在铸魂"，发挥好乡村文化功能，使二者共同推进供需链条的有效衔接，以增强乡村产业综合能力。

1. 外在塑形：健全公共服务体系

推动文化与产业要素的双向激活，要立足于品质提升的发展导向，为乡村产业转型积极创制有利条件。主要从提高要素的供给效率、加强产业振兴的配套支撑等方面入手，为产业发展消除障碍。

一是健全乡村基本设施与服务。完善的基础设施体系有助于畅通产品流通渠道，提高产业一体化水平；另一方面将转化为外在优势，吸引社会资本进入乡村。因此，加强基础设施建设以充分激活产业要素是产业振兴的必要路径。乡村基础设施涉及交通条件、水利建设、生产生活等方面。万古寺村充分结合村民以及产业发展的现实需要，主要从人居环境入手。一方面开展环境综合治理，对生产生活垃圾进行统一处理。合理设置服务网点，尽量做到垃圾定点投放，定点处理；将村庄垃圾统一收集后运送至归州镇、秭归县垃圾处理厂；整治田间沟渠、建立排洪沟，扩大污水收集管网覆盖面，建设污水处理站和公共厕所，优化果园生态环境。另一方面开展惠民服务工程，对村庄环境进行美化亮化。对农房进行风貌改造，妥善处理闲置房，新建沿河休闲平台与休闲步道，并配备生态护栏与环保路灯。通过一系列措施，对乡村基础设施进行整体升级，不仅打破产业贸易的限制，同时提升产业品质，有助于乡村产业价值链的延伸。

二是提高乡村产业信息化水平。构建信息化的产业体系将打破信息流通壁垒，使产业发展与市场需求相适应，及时降低由生产不确定性而招致的产业风险。产业信息化水平的高低取决于产业技术革新水平，现代农业技术的发展为乡村产业提供技术支持与保障。万古寺村在柑橘种植以及后续培训维护方面积极引入新技术，着重改善技术培训手段，致力于智慧农业建设。具体而言，对乡村果园按照优势区标准进行数字化改造，以建立水肥一体化并配套信息系统的智慧果园；建立柑橘治理追溯体系，开展果园耕地质量改良提升、老果园改造和绿色优质栽培集成技术模式推广示范工作；建设田间柑橘管理操作平台，并配套田间生产道，以形成疏株间伐、绿色防控、品种改良的生态农业。通过智慧乡村建设，不仅融入生态农业板块，而且考虑到未来万古寺村一、二产业发展及村民生活需求，融入农产品供求平台等数字乡村建设板块内容。运用互联网等新兴技术，调整产业生产、营销模式，推动乡村电子商务的发展。一方面，电子商务模式使农产品受地域和时间限制的影响较少，减少了农产品在销售环节和流通过程的时间，促进农产品交易过程更为便捷和高效，保证了农产品的鲜活性。另一方面，电子商务带动农产品物流体系的发展，衍生出网络销售的方式。比如抖音直播、淘宝直播等新型电商方式，在农户和消费者的互动中打通营销链和供应链，保证了产销之间的沟通，创造了产品多场景成交价值。

2. 内在铸魂：延续乡土文化链条

文化是产业的发展灵魂，始终蕴藏在产业活动之中，产业活动要通过文化来表情达意。产业要素的激活为赋能创制基础环境，而文化资源的挖掘延续了乡土文脉，为乡村产业优化升级提供了发展机遇。

一是开发承载传统文化的物质载体。应整合乡村社会的文化资源，推动文化具象化与实景化，以激活集体记忆，进一步强化乡村社会核心价值认同。一方面，传统村落是乡土文化的实体根基。对于传统村落，应坚持保护和开发并举的原则，注重保护村落的历史风貌，以彰显地域与民族特色。通过恢复、再现屈氏宗祠、屈家老屋、凤凰寨这种传统场景，激发人们对历史的回忆，保存或适当地重建原有设施，维护村庄的自然性，以留存文化遗产。另一方面，建立与完善文化设施，满足村民的文化需求。以屈原文化为出发点，打造屈子书院，新建有荆楚风格的民居，并配套文化装饰。同时建设数字化农耕村史馆和村落文化活动场地,全方位展示乡村历史、农耕文化,进一步拓宽文化产品的层次结构。"我们在村容村貌方面改造主要是突出村庄特色为原则。第一轮改是将民居改造成具有地方特色的马头墙。后来进行了村庄的危房改造,接着是风貌改造,刚开始刷墙、风貌改造等进行了100多户,从零几年开始,持续到2020年收工。"(XYJ20211213LAX)

总之,正是"外在塑形、内在铸魂",村庄的产业和文化要素得到有效激活,文化对于产业的价值功能日益凸显。目前,万古寺村将村内丰富的历史文化、民俗文化与现代化设计结合起来,意图打造具有地方文化特色的综合性产业,并推出一批代表乡土文化的伴手礼,不断提高文化产品的附加值,既满足外来市场需求,又提升了本地产业核心竞争力,激活乡村市场发展的引擎。"万古寺村一直宣扬两种'干净':一是物质上的'干净'。万古寺村多年前就着手修缮房屋、修整地面、改善厕所等硬件。第二是精神上的'干净'。'制芰荷以为衣兮,集芙蓉以为裳'体现了屈原高洁的品行。万古寺村村民们也以此句诗词自我勉励,以屈原精神自律自省,以淳朴良善的心态处事待人,展示良好对外形象。"(XYJ20211214QJM)

(三)要素融合:形成文产价值闭环

在建设准备时期,要素适配为文产融合创造了现实前提,要素激活为产业振兴构建了文化场域。在巩固发展时期,产业发展遵循文产融合的现实逻辑。作为勾连文化网络和产业实践的振兴方式,文化赋能通过营造共识、多元共治、塑造品牌等手段,充分聚合优势资源以形成文产价值互构。

1. 强化文化认同:巩固关系网络

在延续乡土文化文脉的基础上,进一步强化文化认同,形成理念统一、凝结共识、关系紧密的文化共同体,以构建赋能路径的价值自觉。强烈的文化认同，成为万古寺村产业发展最强有力的名片。

一是提升乡村文化供给水平。在国家层面，政府应立足于乡村实践，通过规模化、持续性的乡村文化惠民工程来增加公共服务供给，将文化资源的输入对接群众需求；加大对文化产业的扶持力度，拓宽贷款路径和融资规模，为吸引企业或社会资本投资乡村创制有利条件，从而提高乡村社会文化资源利用率。在社会层面，重视社会组织的作用，在文化下乡等项目中注重社会资本的引进，以丰富公共文化服务内容，及时更新文化产品，加速文化创意与产业资源的转化。同时强化乡村社会的自发性，完善村庄内部制度与村集体产业运营模式。在万古寺村，民俗交流与文化活动激发了村民的文化需求，形成服务全体村民的公共文化服务网络，提高了产品供给质量。

二是打造"乡愁公园"。一直以来，万古寺村注重对"乡愁"的保护和开发，以情感共鸣唤起人们对故土的向往。以屈氏宗祠为载体，通过端午文化节活动，传承原汁原味的龙舟文化与移民文化，将万古寺村打造成为海峡两岸屈氏后裔寻根问祖的圣地，将村庄打造成"乡愁公园"，让广大村民在日常交往、农耕农活、文化活动中凝炼与重构共有的历史文化记忆。"乡愁是对家乡的记忆，一种儿时的情怀。在都市生活日新月异的当下，这种情怀正是乡村产业发展的核心吸引力。就像'点龙睛''拜码头'这些习俗在大城市已经很难见到，但在万古寺村，如果想体验，村民们一呼百应，可以让消费者亲身体验。在留住乡愁上，我们通过修屈祠、续屈谱、供屈像、诵屈文、传屈风来推进寻根文化，也得到了全国屈氏后裔的认可。"（XYJ20211214QJM）此外发挥媒介作用，扩大乡土文化的传播力和影响力。万古寺村亮相CCTV－4大型纪录片《记住乡愁》，借助古朴的村貌、天然的橘乡风光，展现原汁原味的乡风文明、民间习俗，激发离乡个体对村庄的集体认同。

2. 构建参与格局：打造共治模式

构建乡村协同参与格局，即打造多元主体共治的产业模式，对促进文化与产业的深度融合有所助益。从主体上看，文化与产业的联结、融合与参与主体及其实践紧密相连，万古寺积极构建农民积极"在场"的参与机制，同时打造离乡农民"离土不离乡"动力链条。

一是促进村民主体意识的觉醒。传统乡村社会赋予了村民以私人为边界的小农意识，形成了被动参与的习惯。村民自觉参与村庄建设、产业发展的意识观念较为匮乏，村民参与程度与行政投入力度不相匹配。在产业振兴过程中，乡镇政府以产业培训、民俗活动为助推手段，加强产业转型宣传，动员村民积极参与到产业融合的生产与配置过程中。同时，万古寺村委会发挥示范带动作用，以乡村能人、村落组长、妇女干部为行动主体，以村落夜话、广场舞为组织载体，运用公共价值和日常舆论等方式，号召广大村民将意识转化为实践动力，带动各方人力资源参与到产业融合中。由此，增强村民主观能动性，推动文化赋能机制有效运转。"妇女在村庄建设中也发挥了不小的作用，比如说我们村有好几个跳广场舞的场所，各个村落都有。不要小看跳广场舞这一简单的娱乐活动，很多时候，我们就利用跳广场舞这一活动，充当政策宣传的媒介，把村里最新的发展动态和产业规划就在这一活动中宣传出去。可以说将妇女同志组织起来，也减少了我们的工作阻力，也有利于缓解矛盾，及时沟通。除此之外，我们妇女也会定期组织村落夜话，听取大家的反馈和建议。"（XYJ20211213QHM）

二是加强文化人才队伍建设，构建乡村文化的主体激活模式。要将人才培养纳入产业体系中，重视人才的能动作用与溢出效应。一方面，万古寺村以开展本土化的文化活动为主轴，通过引导与带动不同领域的乡村能人，多方面激活乡村人财物等公共资源，促进乡村产业的可持续发展，提升乡村公共利益。① 另一方面，营造吸引人才的外在环节。万古寺村重视和培育乡村人才，为人才引进构建动力平台。改善居住环境以

---

① 闵学勤：《激活与赋能：从乡村治理走向乡村振兴》，《江苏行政学院学报》2020 年第 6 期。

强化物质载体，完善基础设施为村民提供基本保障，开展多样化的文化活动以丰富村民生活，为吸引人才返乡搭建激励平台。此外，注重对非遗继承人、农业大户、电商达人等本村人才的培养，使其在文化传承、产业发展、文产融合等方面发挥积极作用。

三是促进多元主体合作，协调好多元主体之间的关系。当地政府积极与其他主体进行协商治理，形成合力，多形式、多样化地保障万古寺村的资源供给，提高该村公共服务的质量与水平，推动产业的可持续发展。亚投行等外部资本为乡村提供技术与物质支持，为其注入新鲜血液，满足农民日益增长的物质、精神文化需求。自屈氏文化开发以来，相关专家学者积极献言进策，为产业建设提供智力支持，号召更多的有识之士分享与建构更加完善合理的产业运作模式。

3. 塑造文化品牌：深化赋能价值

乡村社会具有独特的生态价值、产业价值与文化价值，为产业融合提供了内源动力。由此，在乡村振兴背景下应重新认识乡村社会的多重功能价值，既要保持乡村社会的主体性，又适应时代发展要求。保持乡村文化主体性，应转化改造乡村的传统思路，塑造富有特色的文化品牌，即不完全依附于传统的表现内容与形式，同时在现代化市场中保有文化个性。

一是促进文化功能转型。文化是我国核心价值观的特色载体，表现了深厚的地域文化和历史渊源。文化与产业的融合，赋予了产业品牌效应，满足了消费者追求多样化、高品质的产品与服务的现实需求。因此，文化品牌的打造意味着产业向高质量的供给、需求、配置的新趋势转变，符合人们较高的需求层次，唤醒了个性化、多元化、新颖化的产品内涵。立足于乡土社会的特色实践，能够挖掘传统文化的消费需求与市场，最大限度地处理好供需平衡，激活乡土文化的经济价值，规避了传统乡土文化没落的悲剧，使产业发展兼顾社会效益与经济效益。万古寺村以"屈原"为统一品牌扩大产业发展层次与辐射范围，大到建筑设计、装修装饰,小到标示标牌、洗漱用品等,都能彰显屈原文化特色。以屈原文化为载体,打好文产组合拳,让消费者走进万古寺村,就能感受到浸润在万古寺的一砖一瓦、一草一木之中的屈原精神。"'文化＋乡愁',让万古寺在乡村游比拼中脱颖而出,而在可持续发展的道路上,屈原是万古寺村最亮眼的 IP。经历了从基础设施提升到文化铸魂两大阶段后,下一步是乡村品牌的塑造。"(XYJ20211214QJM)

二是深化赋能价值。在文产深度融合阶段,万古寺村将继续做好"五屈"工程,积极开展民俗文化传承活动和教育研学活动。建设屈原故里,打造集龙舟文化传承与体验、龙舟竞技训练与比赛、龙舟产品研发与销售于一体的文产融合模式。首先,整合村庄传统的乡土文化,促进传统文化与现代文化相互交融,进而推陈出新,赋予文化新的时代内涵。其次,引导乡土文化与市场需求结构相适应,致力于打造内涵深刻、富有创意、形式新颖、技术先进的特色文化品牌,促进乡村文化本体价值与新型价值相衔接。同时以自然生态为背景,将文化要素深度融入柑橘产业。该村将乡土文化遗产与柑橘产业进行联结,以屈原《橘颂》①为依托,建立本土柑橘品牌。注重一二三产业的联动发展,开发各种不同系列的产品,延长农业产业链,形成别具一格的乡村产品体系。

作为屈原故里,让屈原成为宜昌永恒的文化地标,让宜昌成为屈原文化的标准制定地、权威阐释地、活动聚集地和推广地。万古寺作为屈原老家,我们作为屈原文化振兴的重点,村庄的产业依托于以屈原文化为代表的传统文化,下一步主要是围绕 112 工程(一园一祠二基地),将普通柑橘园打造成橘颂博览园,将文化和柑橘产业深度融合。这不仅是脐橙园,还是充满文化底蕴、数字化、绿色生态的观光园。通过标准化种植、精细化管理、数字种植等打开产业

---

① "后皇嘉树,橘徕服兮。受命不迁,生南国兮。深固难徙,更壹志兮。绿叶素荣,纷其可喜兮。"《楚辞·九章》的《橘颂》是屈原早期咏物抒情之作,既唱诵橘树橘果的外观,又赋予橘高尚的秉性。

销路。还要利用寻根文化,将村庄打造成游子心灵的归属地。寻根问祖是中华民族的传统美德,我们要吸引海峡两岸的屈人、文人墨客来这儿寻根问祖。第三是建立龙舟基地和端午习俗传承保护基地,包括龙舟产业的研发、赛事的举办等,可以结合旅游业。这部分游客是范围 400 公里以内的。这个范围以外遵循从中长期规划,通过外围的公司进行包装。万古寺的地理位置是神农架—武当山和长江三峡—张家界的旅游交界点,打造和周边旅游点一条线的万古寺。但是从目前来说,我们首先是要解决 400 公里之内的旅游需求。通过这 112 的建设,最大限度地把万古寺打造成浓缩版的屈原文化的核心地。可以说成为一个原汁原味的屈原文化研学基地,吸引不同人群进来。(XYJ20211215QWS)

(四) 小结

如今,依托万古寺村的文化地标,村庄已经迎来新一轮产业升级。万古寺村的产业实践充分说明:只有推进文化和产业深度融合,才能更好地赋能乡村发展。具体包括:一是文化自身的价值塑造功能有利于整合利用乡村已有资源,并且能够挖掘乡村社会新的动力与优势;二是文化资源的融入为村庄产业赢得了技术、资金、物质等方面的支持,从而促进乡村产业的更新升级;三是乡村文化的持续输出将提供智力支持,提升乡村整体文明程度,从而为乡村产业振兴扫除观念上的阻碍。由此可见,乡土文化已经构成了乡村产业的重要辅助性力量。乡村产业要以文化为依托,将乡土文化与乡村产业进行串联,活化各类文化资源,并以此为条件促进文化的现代化转型。与此同时,要运用互联网思维把文化元素融入产业的每个方面,谋划一批长远的文化项目,运用新科技改变现有文产呈现方式和体验模式,进一步加速文产融合的速度和深度。文化赋能适应了产业发展转型的趋势,反映出在微观领域中产业结构、产业模式的变革诉求。[①]　未来,应将文化置于产业振兴语境下进行现实观照,处理好文化与产业、个体与集体、传统与现代、城市与乡村之间等多种关系,以释放产业活力,实现产业振兴。

五、赋能结果：文化赋能的作用成效

产业振兴,文化先行。文化赋能产业振兴的路径构建,使村庄产业效益模式发生了显著变化。赋能机制的切实运转,促使产业在与文化要素的联结、交融中升级创新,对乡村产业具有重要的实践价值。随着文化与产业融合过程的不断深入,更新的产业机制将在方式、观念、供给以及主体层面实现全方位升级。

（一）新经济业态：产业发展方式革新

文化与产业融合已成为乡村发展的必然趋势,在赋能传统产业过程中,其生产、生活和生态功能得到优化升级,不断催生和培育乡村新业态。

在产业模式方面,从增加生产要素向提质创新方向转变。高质量、高层次的消费需求对产品质量和附加值提出更高要求,要求形成产业创新协同的融合模式。生产技术、经营模式以及管理服务的创新为发展现代农业与智慧农业提供了物质与技术支持,不仅增加产品的市场价值,同时提高农业生产要素的投入效率,扩大农业的边际效益。开放、社会化的生产模式推动形成了综合性、整体性的产业体系。"比如我们的销售渠道,去年盒马集市和我们签订了直销地的合同,优先销售我们的货源。这个货源是我们通过专业合作社的形式把农户组织起来,我们通过合作社进行技术推广、品种改造等等,前段时间进行了贫困户的帮助销

---

① 陈洪连、王文波：《新型乡村软治理的理论价值、实践困境与推进路径》,《新视野》2021 年第 2 期。

售,现在有200多户参与了合作社。我们将视具体需求制定不同的发展策略,促进专业化、规模化生产。如果你没有遇到销售困难,我可以给你提供技术上的帮助,如果销售有困难,我可以帮你联系销售渠道。"（XYJ20211213QJM）

在产业构成方面,随着文化要素的激活,显现出综合利用资源的强大功能,赋予传统产业再生产的能力。传统乡村社会具有封闭性特征,其产业发展较为孤立。在初始阶段,各生产要素相互独立,种植业与其他产业相互割裂,产业发展与村庄建设缺乏整体性视角。随着文化资源的进入,传统种植业不再是单一、片面的个体,各产业要素之间建立了关联性,并逐步构成了相互渗透、相互依存的产业体系。多样化的产业构成是市场导向与村民需求双向结合的结果,符合乡村产业发展的现实需要,增强了村民抵御风险的能力。万古寺村已形成以柑橘产业为中心,不断向外延伸的产业模式,产业辐射能力持续增强。

在产业形态方面,产业模式的创新提升了农业的机械化水平、劳动者的管理水平,产生了一批新兴产业。文化赋能打通了与产业互动的渠道,畅通了传统产业与新生产业之间的内循环,并立足乡村文化资源与传统历史文化基础赋予传统产业新的价值功能,从而催生乡村新业态。结合文化功能,文旅结合的特色产业模式得到开发,培育出乡村观光农业、旅游农业等新业态。同时,文化元素的加持发挥品牌塑造功能,避免农产品供给的同质化,既提升产业附加值,又促成乡村产业不断实现功能优化,以满足人民群众日益增长的美好需求。

（二）新市场思维:传统小农思想转变

文化赋能过程中所发挥的价值塑造功能,转变了传统小农思想,为产业发展构建了强大的精神内核。

一是凝聚村庄核心价值。文化赋能的过程也是充分挖掘传统道德资源的过程。在此过程中不断重塑传统文化,对乡土社会的道德观念进行梳理整合,并将传统道德与社会主义核心价值观相融合,以唤醒广大农民群体对乡村社会的文化自觉与归属意识,提升农民的公共参与意识。由此,文化赋能激发了农民群体内生的归属意识与公共精神,强化了农村社会文化空间的沟通、认同与规约等功能,建立起具有亲密关系,并凝聚共同价值的乡村共同体,缓解乡村社会日趋冷漠的趋势。

二是树立村民的数字化、市场化思维。市场属性的叠加一定程度上使产业具备外部性特征,诞生了新的消费特点与生产环境,创造了新的需求动力,对产业思维产生正面效应。市场导向成为乡村产业转型升级的风向标,使村庄产业规划突破固有的僵化思维,带动更多主体参与产品开发,并不断向外扩散。市场导向下,人们的消费层次不断升级,对产品品质与服务提出更高要求,助推乡村产业的技术革新,促进农业生产、销售、管理等观念的变化。现如今万古寺村庄产业正迈进智慧农业发展道路,农业和技术、文化的融合,催生了直播快销、微信电商等模式。"文化对于村是很重要的。一个村要发展,必须依靠文化。文化发展了,对于村民的思想改造也有重要作用。我们可以明显感受到近几年来,村民的思想观念有所转变,主要是大家看到了文化对于村庄发展的重要性,也使大家从中获益。我们的屈原文化得到宣传,最直观的变化是村里交通条件比以前好了,过来参观、游玩的人多了,大家可以做餐饮、做民宿、做直播,不再只停留在卖脐橙的初始阶段,并且能够转化为收入,大家自然乐见其成。"(XYJ20211216XF)

此外,文化赋能产业振兴的过程中,更加注重村民的现实需求和利益表达。大数据、互联网等现代化技术手段的运用,拓宽了村民表达诉求的渠道,及时回应广大村民公共文化需求,使村民更为顺畅地表达自身诉求。同时,产业培训的加强使村民公共服务理念得以强化,扭转了村民固有的小农思想,转变了其"小富即安"的产业发展思路。

(三) 新价值增值:乡村供给能力增强

通过文化赋能的作用,建立了农村公共文化服务体系的长效机制,实现了从供需脱嵌到供需结合的转变。在此条件下,乡村社会的供给能力进一步得到增强。在传统乡村社会中,传统的农耕文明奠定了内生性的供给模式,但随着多元化消费需求趋势的显现,内生性的供给模式与产业转型升级的要求不相适应。现代化产业应以多样化的方式向不同群体提供不同层次的产品与服务,呈现出多元化的供给形式和供给内容。① 通过赋能实践路径,吸引社会资本,为产业发展赢得资金、项目、人才等方面的支持,使乡村内生性资源能够得到循环再利用。

其次,文化赋能机制的有效运转,进一步整合现有资源,不仅着力改造了生产端,还致力于产业模式、产业技术、产业价值的全方位提档升级。因此,实现文产的深度融合有效刺激了需求,提升了乡村社会供给水平。同时针对农产品供给结构性过剩、农产品市场竞争激烈的情况,以文化资源为引擎,带动其他要素进入乡村,拓展农产品的市场渠道。乡土文化与柑橘产业建立了联系,文化资源的串联为柑橘产业注入了品牌活力。除了提供农产品之外,柑橘产业具有一定的生态与文化价值,在生产过程中孕育的农业文化遗产,成为乡土文化中的重要元素。"正是由于我们屈原文化的加持,我们才能在柑橘市场如此饱和的情况下仍然在市场上保持优势,一方面是因为我们脐橙的品质的确好,另一方面也是文化的宣传为我们赢得了更多项目支持。例如此次亚投行的项目,项目的获得为我们赢得了人、财、物上面的支持,从而反哺产业,并且能够升级承载乡村文化的物质载体。"(XYJ20211212QJM)

此外,乡村文化品牌的建设,为乡村增加制度性红利,推动第一、第

---

① 吴理财、解胜利:《文化治理视角下的乡村文化振兴:价值耦合与体系建构》,《华中农业大学学报(社会科学版)》2019年第1期。

二部门将项目、资金等资源持续向乡村倾斜,使乡村产业顺应新增长的消费需求,不断满足不同层次消费主体的定制化需求。通过文化赋能的方式增强了乡村社会供给能力,并最终达到供需双向互动的产业目标,使乡村社会全体收益。

(四)新治理方式:吸纳多元主体参与

促进产业振兴的关键在人,产业内容的综合性、产业构成的多样性离不开多元主体的参与性与创造性。在产业发展的各个领域和环节中,产业主体及其作用方式各不相同,并随着政治经济社会的变迁不断发展变化。在传统产业实践中,农民是最基本的产业主体,生产模式多为小规模的家庭生产方式。但除行政推动、市场调节之外,社会组织、乡村能人以及返乡农民等多元主体在产业发展中的作用日益凸显。在乡村振兴的背景下,文化赋能的路径坚持以人民为主体的中心思想,积极破解产业领域人才短缺的现实窘境。文化通过思想革新、塑造共识等功能,有效实现了"小农的联合"。

一方面,拓展产业发展的组织模式,提高村集体组织化的能力。在赋能的过程中乡村集体经济发展壮大,村集体的凝聚力和号召力增强,使村两委班子对农户的组织能力得到大幅度提升。村委班子发挥的组织示范作用有效带动广大村民积极参与产业建设。产业主体的多元化,展现出乡村社会的动员能力与组织能力。村干部、乡村能人、返乡农民在要素配置、资源整合等方面发挥作用,有效缓解了乡村产业内生性动力不足的状况。乡村组织程度的强化降低了产业的交易成本,构建起协调统一的现代农业体系,为产业创造出更大价值。"我主要负责环境综合整治、'厕所革命'等工作,村里工作大部分在合作中进行,我有时候牵个头,组织大家一起积极参与。我们村还成立了志愿服务队,成员范围很广,包括党员、村落理事长、村小组长、妇联执委、村民代表、村里的妇女以及一些年轻人,我们想通过这种志愿服务的形式调动大家的积极性,给老百姓做一个示范。我们村年轻人参与的积极性比较高，一些难处理的事情大家都能理解，他们灵活性、参与性都很高，今后还是主要挖掘这类群体的活力，不断地带动我们村的产业发展。"（XYJ20211213LAX）

　　另一方面，文产融合的发展模式不断吸纳主体，为乡村培育了人才。农民主体专业化能力有限，因此需要政府部门、社会组织等其他多元主体的参与。文产融合的产业模式使多元主体之间的关系得到协调，改变了传统自上而下的产业运作模式，从而形成政府主导、村委引领、乡村能人示范、普通村民广泛参与的共治模式，消解公共资源供给的行政化色彩。政府部门作为乡村产业发展的核心参与主体，结合自身职责，加强对乡村产业的政策协调和业务指导。村委负责农村产业融合发展推进工作，做好常态化沟通协调工作，在示范园建设、项目推进等方面发挥不可忽视的作用。共治模式以多形式、多样化的渠道保障资源供给，提高乡村公共服务的质量与水平，推动乡村产业的可持续发展。

（五）小结

　　总之，文化赋能是实现乡村产业振兴的有效路径与有益探索。基于当下乡村产业"空心化"的现实困境，文化赋能的作用成效得以凸显。万古寺村对文化赋能乡村产业振兴模式的探索，极大地改善了乡村产业发展所需的"硬件"条件，资金、物质、技术要素的投入提升了万古寺村产业发展的整体水平。此外，文化在赋能过程中持续发挥"软约束"功能，通过约束与规范个体行为，从而凝聚共识，构建起稳定的乡村共同体。

　　一是乡村产业主体需要文化赋能。城市化造成大量农村劳动力外流，"无人治村"现象突出。在文化赋能驱动下，乡村公共文化服务体系日益完备，重新盘活了传统文化资源，使乡土文化得以更新与重构。传统农耕文明赋予了农民天然的恋土情结，使个体与群体在时间与空间的维度中建立认同与回归的心理纽带，强化了农民的责任意识，引导农民参与乡村建设。此外，面对村庄日益衰败的现状，乡土文化将作为重要的情感纽带,有助于将离乡农民的思乡之情转化为返乡的具体实践,激励离乡农民返乡,缓解乡村产业人才紧缺的压力。

二是乡村产业转型升级迫切需要机制创新。传统乡村产业由于其附加值低、收益有限等劣势,难以支撑与带动村庄全面振兴。只有立足现实需要,不断延伸产业外延,走产业融合发展道路,以提高综合竞争实力。因此,未来万古寺村应坚持文化赋能的方式,围绕市场需求,形成品牌典范,使农业的附加价值、社会功能逐步扩展。农业功能的拓展与优化,转移了剩余劳动力,提高了农业生产各环节当中的附加值,实现了村庄整体效益从短期到长期的转变。

六、结论与思考

(一)文化赋能产业振兴的内在机制

文化赋能是文化底色与产业实践的有机统一,二者基于目标耦合、利益互嵌的现实逻辑而不断进行调试,形成发展合力。沿循赋能的实践逻辑,文化不仅联结了供给与需求,还塑造产业发展、延续和振兴的模式。其一,文化的复兴与再造促成文化与生产要素的重组和创新,赋予乡村供需动力。其二,供需循环带动文产联动。供需互动创造了新的消费点,深化了文化与产业融合模式。文化通过社会整合、价值重塑、文明内生和资本再造的功能,进一步改善产业结构,促进产业增值,以文促产的效应得以显现。由此,形成文化与产业的联动机制,即产业成果的巩固需要文化品牌的加持,文化的繁荣离不开产业的支撑。

1. 社会整合:重构社会文化空间

文化作为社会的柔性机制和资本,具有引导人、教育人的社会功能。[①]

[①] 钟起万、邬家峰:《文化治理与社会重建:基于国家与社会互动的分析框架》,《江西社会科学》2013 年第 4 期。

文化的内在价值发挥出引导人、鼓舞人的作用，有助于整合各类资源与要素。公共文化空间的重构，能够满足村民新需求，使村民在日常生活与交往中积蓄供给能力。

一是重构乡村文化的公共空间。农村公共文化空间是农民生产生活的重要场所，承载着农村文化变迁过程，也是体现农民生活水平与精神需求的重要指标，对于维系乡村稳定发展、提升乡村治理水平具有重要作用。乡土文化源自于地方文脉，是情感、价值理念与乡土记忆的集中表达，包含物质与精神的双重载体。在复兴与再造传统文化的过程中，既优化物质载体，又实现价值聚合。一方面，保护传统村落、建筑等人文景观、传承特色民俗活动成为公共文化空间的物质依托，承载了当代人的乡愁和记忆。另一方面，传统文化的价值旨归，其中凝结着强烈的根源意识，激发人们重温乡土社会的历史记忆与经验，明晰了公共空间的规则导向。公共文化空间的重构凝聚起村庄公共性，赋予了村民表达与参与的渠道，有利于调动和引导群众参与意识，并转化为实践动力。此外，公共文化空间具有内生供给能力，促进乡村文化功能的再生产。

二是构建稳定的乡村共同体。乡村社会形成了以熟人社会为基本特征、以地方性规则为价值规范的共同体结构。而随着农村人口的快速流动，乡村社会逐渐呈现"原子化""半熟人社会"的特征，以"差序格局"为基础的公共性准则产生松动，削弱了乡村共同体意识。在传承文化中实现乡村社会的群体性互动，通过文化浸润整合社会行动，促进村民形成较强的社会共同体意识，形成和谐有序的社会关系网络，有助于宣传政策、解决矛盾，提高村民对政策的认同，引导村民形成一致的价值目标。[1] 此外，文化的社会功能重构乡村社会的公共性，促进共同体内的村民自我组织、自我管理。以此为条件，构建稳定和谐的乡村社会公共场域，不断激发产业发展的内生自主性，促进村庄产业供给与需求的有效

---

[1] 胡惠林：《国家文化治理：发展文化产业的新维度》，《学术月刊》2012 年第 5 期。

对接,形成产业规模化效益。①

2. 价值重塑:凝聚乡村社会共识

文化具备重塑价值、强化认同的功能。城乡二元结构下,乡村本体性价值处于衰弱状态,动摇了维持乡村熟人社会的基本秩序,产业转型面临观念困境,因而迫切需要文化发挥价值引领作用。

首先,文化对社会场域中的行为主体进行价值培育与精神锻造。精神文化是集体价值认同的深层次推动力,可用来弥补乡村本体性价值缺位。相关文化活动与物质载体等传统文化资源是价值培育的重要载体,有助于重新建立离乡农民与乡村社会的联结关系,并打破时空的限制,成为城市与乡土社会之间的缓冲。文化赋予广大农民群体新的价值自觉,将具有共同记忆与价值认同的人群聚合起来,从而构建乡村社会自治、德治的基础。

其次,凝聚社会共识。乡村伦理价值体系以乡村社会长期传承的基本价值为准绳。乡村价值的失范,导致传统内生性规则难以落实,以传统美德为基础的伦理体系难以发挥规范、约束以及舆论监督等功能。文化凭借共有的情感、记忆重拾人们的价值信念,进而营造共识。在制度文化层面,文化具体表现为惯习、约定俗成的行为规范,凝结着乡村社会情感与记忆。承载着优秀传统文化的精神价值,是对乡村核心价值与伦理精神的传递。此外,文化的"乡土逻辑"体现着乡村社会的人情关系。在熟人社会中,人情规范作为非正式制度,构成了离乡农民的基本伦理准则,有助于实现村民之间的情感互动,增强个体对集体的情感依附。

总之,文化通过组织动员、社会舆论的方式将乡村内生性价值传递给广大村民,对村民个体产生情感与精神聚合效应。落实到产业实践中将形成统一价值认同基础,使其作为村庄一员的思想更加坚定,弥补乡

---

① [德]哈贝马斯:《公共领域》,收于汪晖、陈燕谷主编《文化与公共性》,生活·读书·新知三联书店1998年版。

村产业内生性不足的问题。同时,反复强化每一位村民的归属感、成就感,将村民个体凝聚为产业发展的集体力量,从而为产业的组织动员奠定思想基础,进而转化为产业振兴的行为实践,拓宽农村产业的层次与范围。[①]

3. 文明内生:增强村民总体素质

乡村社会的文明水平应是个体与集体总水平的集合。在个体层面,人们的思想理念与思维模式是社会生活的动力源泉。赋能视角下,人既是文化赋能的主体,也是文化赋能的对象。作为乡村社会的产业主体,无法忽视人的素质对乡村产业发展的深刻影响。在集体层面,个体素质的提升,唤醒了乡村社会的道德暗码,将个体认知与行为融入整个乡村社会中,使乡村成为文明程度较高的共同体。文化资源的盘活,不仅带来个体之间的情感与文化互动,同时塑造集体的价值理念与思想文明。具体而言:

从个体来看,文化改变个体的先天赋予。[②] 文化能够给予个体知识技能与先进的思想观念,对个体进行思想上的价值培育与行为上的约束规范。二者共同作用,促进村民个体思想素质的提升,使其成为乡村社会的生产者与参与者,从而为乡村产业发展汇聚人才。文化在对个体赋能的过程中,促成个体价值与赋能过程的有机统一,并将个体的意识表现为具体实践,为产业发展持续获取动能。

从群体来看,文化在锻造个体思想水平的过程中,也将促进集体文明水平的提升。乡村文明总水平的高低以个体的文明素质为基础。个体思想素质的提高,将源源不断为乡村社会文明注入内在能量,人人都成为乡村社会稳定的维护者和乡村优秀文化的弘扬者,从而促进乡村文明不断进阶。

[①] 陈乙华、曹劲松:《文化赋能城市的内在机理与实践路径》,《南京社会科学》2020 年第 8 期。

[②] [英]马林诺夫斯基:《文化论》,费孝通等译,中国民间文艺出版社 1987 年版,第 15 页。

文化作为一种精神内核,通过赋能个体为乡村社会增添新的文明成果,最终形成和谐共生的乡村文明场域。文明场域的构建,有助于消弭矛盾冲突,建设乡风文明的现代化乡村。思想的开化促进人们生产生活方式的变革,降低产业风险,推动产业的优化升级。

4. 资本再造:提升产业续航能力

文化是乡村振兴的聚宝盆,历史悠久的乡村文化是一笔宝贵的财富。文化资源与产业要素的叠加能为资本蓄能,加快产业更新迭代的总体进程。具体而言:

文化的政策投资力度正逐步增大,为完善乡村公共文化服务体系提供资金保障。近年来,乡村文化资源亟待进一步开发与深化,基层政府坚持资源下移、重心下移、服务下移的总体策略,深入拓展乡村文化的可为空间。政策倾斜为乡村文化建设提供了财政保障,基层文化建设作为财政支出的保障重点,有效带动了相关组织机构对基层文化建设的要素投入,有助于完善乡村基础设施与公共服务体系,为文产融合提供了物质条件。

此外,增加文化服务,丰富文化产品的供给。政策资金的投入,使乡村社会产业发展不断获得供给的能力,促进乡村内生资源再生,从而有充足的物质条件能够满足乡村内外需求。文化赋能的过程也是促使文化资本不断再生的过程。文化本身作为一种资源,可以转化为资本,而文化资本在参与社会生产的过程中可以转化为资金,并且能够作用于社会生产与消费的全过程。[1] 文化在生产与消费过程中直接作用于产业,且持续放大文化功能,能有效实现产业持续再生产。总之,文化赋能可以使乡村产业资源不断得到新的供给,资源的再生与资本的再造对生产技术革新具有正向功效,进而提升了乡村产业续航的能力。

---

[1] 张鸿雁:《城市文化资本论》,东南大学出版社 2010 年版,第 3 页。

(二)文化赋能产业振兴的双重逻辑

推进乡村振兴战略过程中,产业振兴被放置在重要位置。文化赋能产业振兴的理想成效是达到内生性供给与外生性需求相匹配的状态,并能形成二者的良性互动。但乡村整体实践与政策目标之间仍存在差距,一些乡村在获得土地政策倾斜、项目资金等福利后,未能有效实现产业功能的优化转型。因此,应探寻文化赋能产业振兴机制蕴涵的理论逻辑。文化赋能是转型时期乡村产业模式的有益探索,其背后蕴涵有限政府与有效市场、城乡二元互动的双重逻辑。

1. 有限政府与有效市场的逻辑

自新中国成立以来,由于政治经济社会环境的不断变化,市场经济体制下的政府与市场关系也不断得到调适,二者之间具有演化性质。在不同历史条件下,政府与市场之间的关系实际上与各个发展阶段目标相配套,也反映出从计划经济体制到市场经济体制,资源配置方式与产业发展模式的演进过程。在改革开放初始阶段,计划经济占主导,市场力量较为薄弱。因此在产业发展初期,政府在培育市场、制定规划层面发挥不可忽视的作用。随着改革开放的进一步深化,市场作用日益明显。在这时期,产业发展的主体不断多元化,模式不断多样化。

当前,我们正处于新的历史节点,政府与市场关系迎来了新的定位,即市场在资源配置中起决定性作用和更好发挥政府作用。面向市场分配规则下的需求升级,要求形成高质量、统一性、扩大化的供给市场。供给与需求的双向作用促使产业向形式创新、要素优化、能力提升方向转变,保障产业持续释放有效性和灵活性。产业的优化升级既体现了市场体系对生产要素的调节作用,又离不开政府对公共资源的配置作用。有学者指出新一代政府和市场关系中的政府具有了新的功能地位——"赋能性政府",即在中国特色社会主义市场经济制度下,对市场主体进行赋能,同时激励创新、改善分配,以实现供需可持续循环扩张和经济整体可持续增长。① "赋能性政府"不同于"守夜型政府",是对传统发展型政府的超越,包含着市场规制与公共服务两个体系。

总的来看,文化赋能是我国经济体制改革与产业模式转型升级的特色实践。文化赋能的过程,内嵌着调试政府与市场关系的主线,二者的演进贯穿整个文化与产业融合的过程。文化赋能产业振兴的路径改变了"国家—市场"的二分结构,凸显了市场配置的重要性。产业依据市场规则、市场价格最大程度地展现优势,具备生产的"晴雨表"功能。而在市场无法调节的领域则需要政府"在场"。"看得见的手"作用于市场乏力领域,规范市场秩序、完善激励机制、改善供给方式等方面离不开政府支撑。因此,文化赋能背后蕴涵着有限政府与有效市场的关系逻辑,表明政府与市场之间并非对立,而是相互补充,共同促进乡村产业经济的长期有序运行。

2. 城市与乡村二元互动的逻辑

文化赋能产业振兴的过程,体现出产业变迁具有渐进性的特点,应结合城乡关系演进关系加以考察。文化赋能的实施路径,本质上暗含着城乡关系的互动逻辑,体现出现代性与乡土性、城市与乡村之间的两种内在张力。

从政策实施来看,新型城镇化战略下,为缓解城乡之间的二元冲突,产业振兴应坚持理顺城乡关系的政策导向。乡村产业振兴应是缩小城乡之间差距、弥合城乡冲突的重要推手,从而缓解城乡二元分割状态,推动城乡关系向前发展。② 基于此,文化赋能产业振兴符合政策要求。通过赋能模式,一方面赋予与扩大农民自主能力,激发农民的积极性以培育出竞争性、高质量的农产品;另一方面日益活跃的商品市场吸纳了乡

---

① 黄先海、宋学印:《赋能型政府——新一代政府和市场关系的理论建构》,《管理世界》2021 年第 11 期。

② 万俊毅、曾丽军、周文良:《乡村振兴与现代农业产业发展的理论与实践探索——"乡村振兴与现代农业产业体系构建"学术研讨会综述,《中国农村经济》2018 年第 3 期。

村劳动力,使农民拥有更多就业机会,使乡村拥有创新活力,日益衰败的状况得到改善。

从关系调适来看,消除城乡二元分割,实现社会融合是城乡发展的必然趋势,但改革城乡关系并非一日之功,而是渐进性、阶段性的。因此,城乡关系的调整应以循序渐进、降低风险、保障利益为原则,而文化赋能的产业模式无疑为城乡关系的调适提供了样本。文化资源由于损耗低、污染小等优势,对乡村产业具有反哺能力。契合内外需求的文化资源,是产业融合的创新之路。通过激活与赋能产业要素,从而撬动产业振兴,其改革风险较小,具有稳定性。

从价值导向来看,文化赋能的模式可有效矫正城乡之间意识偏离。城市化进程过快,使乡村一度成为被抽血的对象,传统乡村价值观遭受冲击并一度与市场导向下的新兴价值产生断裂,使物质文明脱离于精神文明。而文化赋能呼唤价值旨归,以传统文化为起点,通过对乡村社会进行要素、主体、价值赋能,跳出公共价值体系的扭曲框架。由文化引起广泛的赋能行为可弥补传统与现代、城乡之间的价值脱嵌,有助于缓解城乡阶层分化、身份认同危机等社会问题。

总体而言,当前万古寺村走文化赋能产业振兴的发展道路具有前瞻性与可行性,其赋能方式与赋能形式正处于不断深化的关键时期。具体而言:其一,文化赋能具有可行性。丰富的乡土文化资源、广泛的政策支持、积极作为的村集体、基本完善的基础设施、优越自然资源与历史条件等,构成了万古寺能走文化赋能道路的现实前提,为其文产融合打下了坚实基础。其二,文化赋能具有必然性。站在新的历史交汇点上,村庄发展面临新的发展机遇。在新型城乡关系背景下,长期作为"输血者"的乡村定位迫切需要得到改变。为破解城乡二元结构,缩小城乡差距,完成乡村产业功能与价值转变是必然趋势。在此条件下,文化赋能的产业模式符合乡村产业优化升级的需要,以寻求城乡之间的平衡,让乡村实现自身"造血"的转型。其三,文化赋能具有局限性。从万古寺村赋能路径来看,文化元素融入乡村的硬件和软件仍有待完善,过度强调屈原文化而忽视了对其他文化的发掘,导致不同类型的文化尚未整合到统一的乡村文化体系中。未来需要在思想观念、技术革新、品牌塑造、基本设施等方面需进一步加强建设,最终形成现代化的乡村产业发展体系。

第四章 形塑乡愁：乡村振兴中的农村人居环境整治政策执行

环境整治是实施乡村振兴战略的重要工作内容，而农村人居环境整治是重大的社会民生工程项目。留得住绿水青山，才能记得住乡愁，通过农村人居环境整治，既为乡愁塑形，更为乡愁铸魂。但是当前农村人居环境整治普遍受到"技术化"推动的影响，具有"城市眼光"与"现代化视野"的方案和政策在推进过程中存在偏差，整治效果严重偏离预期目标。

本章以"形塑乡愁"为主题，基于滁州市农村调查，展现农村人居环境整治政策的执行过程与效能，探究形成偏差的原因，为提高政策执行质量提供理论参考；同时，试图扩展政策执行偏差成因的解释路径，从而丰富政策执行理论的相关内容。

一、背景与意义

（一）背景

2020 年，我国的脱贫攻坚任务在全国人民的通力合作下完成，即意味着我国 9899 万农村贫困人口全部脱贫，基于此，我国农村的经济水平获得显著提升,农民的生产、生活条件明显优化,但解决绝对贫困问题对达成乡村振兴战略的总体要求来说还远远不够。2018 年,习近平总书记提出实施乡村振兴战略要按照"产业兴旺、生态宜居、乡风文明、治理有效、生活富裕的总要求"①,加快推进乡村治理体系和治理能力的现代化,"让农业成为有前景的产业,让农民成为有吸引力的职业,让农村成为安居乐业的美丽家园"②。与道路、水电、建筑、绿化等基础设施较为完善的城镇相比,我国农村尤其是偏远地区农村的基础设施建设落后,村民的环境保护意识薄弱,对居住环境整治的投入不足。农村非但不是"绿水青山"的美好家园,甚至生产生活垃圾随处可见,乱搭乱建现象横行,水污染严重。农村居民的身心健康水平深受其自身所处生活环境的影响,与其生产、生活质量息息相关,村民居住的环境不卫生与不整洁,在一定程度上阻碍着我国农村社会的发展进程。为此,党和政府近年来把农村社区生活环境的改善作为农村工作的重要组成部分,积极促进农村基础设施建设和公共产品投入,增进农民群众的福祉,改善农村的公共服务资源和水平,并取得显著成效。

2018 年 9 月,中共中央国务院印发《乡村振兴战略规划(2018—2022年)》,明确提出"开展农村人居环境整治工作,要以建设美丽宜居村庄为导向,把农村垃圾、污水治理和村容村貌提升作为环境整治的主攻方向"③。2018 年底,中央农村工作领导小组办公室等 18 个部门联合印发《农村人居环境整治村庄清洁行动方案》,进一步提出该项政策的总体要求和任务内容,在广大乡村推进开展清洁行动,着力解决村庄环境脏乱

---

① 中共中央、国务院印发:《乡村振兴战略规划(2018—2022 年)》,《云南农业》2018 年第 11 期。
② 中共中央、国务院印发:《乡村振兴战略规划(2018—2022 年)》,《中华人民共和国国务院公报》2018 年第 29 期。
③ 中共中央、国务院印发:《乡村振兴战略规划(2018—2022 年)》,《人民日报》2018 年 9 月27 日。

差问题。① 经过几年的农村人居环境整治工作,我国乡村的人居环境水平得到大幅提升。2022 年 1 月 4 日,中央一号文件提出"要求接续实施农村人居环境整治提升五年行动,从农民实际需求出发推进农村改厕;分区分类推进农村生活污水治理;推进生活垃圾源头分类减量。深入实施村庄清洁行动和绿化美化行动"②。农村人居环境整治工作作为农村工作的重要内容之一,任重而道远,不容忽视,须常态化推进。

同时本章将从委托代理结构、政策执行主体和政策激励机制三个方面入手,阐述农村人居环境整治政策在现实社会中执行的背景。

1. 农村人居环境整治政策的委托代理层级

我国政府呈现自上而下、条块分割的权力关系模式。在此背景下,首先由中央政府综合考量后制定规划,并生成农村人居环境整治的政策任务,然后逐级交由下级政府部门执行推进,地方政府依据当地情况制定政策实施方案并推动实行。从纵向层级结构上看,我国的政策委托代理结构由中央到地方逐级向下,首先中央政府针对农村人居环境的境况和需求作出整体规划,形成整治的政策目标和总体要求后向下级政府传递,与此同时,确定了各级人民政府和与之相关的各个职能部委在执行农村社区生活居住环境改善政策方面的权力和责任。《农村人居环境整治三年行动方案》(2018 年)指出:中央政府及其部委负责总体规划指导;省级政府负责审查其管辖区域内情况,以县级为单位,制定具体目标和任务计划,并负责指导市政府和县政府执行相关政策;市政府和县政府直接负责执行相关政策,承担上下衔接、组织协调的责任;乡镇党委和政府具体组织政策实施。③ 从横向层级结构上看,政策委托代理结构表现

---

① 《关于印发〈农村人居环境整治村庄清洁行动方案〉的通知》,《中华人民共和国农业农村部公报》2019 年第 1 期。(

② 《中共中央国务院关于做好二〇二二年全面推进乡村振兴重点工作的意见》,《人民日报》2022 年 2 月 23 日。

③ 中共中央办公厅、国务院办公厅印发:《农村人居环境整治三年行动方案》,《社会主义论坛》2018 年第 2 期。

为我国地方政府政策执行的常规模式，即政策执行主体"X + N"，其中"X"指有限个牵头单位，"N"指多个责任单位，[①]在主要负责部门的领导下，各相关职能部门根据所分属职能分别承担该项政策推进中所涉及的专业领域的职责，共同推动政策执行。以滁州市 L 区为例，在落实农村人居环境整治政策的过程中，由区委区政府领导、农业农村局牵头，区发改委、生态环境局、自然资源局、城管局、卫生健康局等职能部门作为责任单位，协同执行农村人居环境整治政策。

在我国政府部门层级制的多任务委托代理结构中，政策任务并不是由"委托人"——中央政府直接交由政策的最终执行人基层政府，而是经过中间层级的"代理人"——省级政府。省级政府依据当地现实情况对上级的政策任务进行分解细化，制定具体政策措施，再将强化后的政策任务委托给下级政府。在这种层级制的结构下，不同层级的政府将政策目标和内容层层分解，中央政府制定总体战略，省级政府制定政策方案，市县政府制定具体实施策略并落实政策任务。

2. 农村人居环境整治政策执行主体

按照《安徽省农村人居环境整治村庄清洁行动方案》（安徽省农业农村厅 2019 年印发）要求，村庄清洁行动由县级党委和政府主抓、多方参与。安徽省在农村人居环境整治工作中以县级党委和政府为主要代理人，强调其在政策实施过程中的主体责任，县、乡级主要负责人员为"一线总指挥"，负责在政策执行过程中做好调动部署、监督和指导、核验与查收以及其他工作。在政策执行过程中，L 区区委、区政府广泛征求意见，从当地的实际情况出发，明确农村人居环境整治工作的目标任务、方法步骤和推进环境整治工作的保障措施等；成立农村人口居住环境整治问题工作组，由区党委和区政府领导为组长，由农业和农村局成员组成

[①] 许光建、卢倩倩、许坤：《破解政策执行困境：基于多任务委托代理模型》，《行政管理改革》2020 年第 9 期。

办公室,负责组织和实施综合改善工作;街道、村庄两级的主要负责人为环境整治工作的第一责任人,实行三级网络管理,分层级完成任务。改善农村人居环境的具体工作以村庄为单位进行,村党组织是农村人居环境改善的第一责任人和最终代理人,负责宣传和倡导、组织和执行、监督和检查等工作。村委成员组织和动员农民群众参与环境改造工作,培养村民养成保持村内环境清洁的主体意识,引导村民参与村庄清洁工作,落实人居环境整治政策,保持村庄内部干净卫生。对于不同的政策内容,直接代理人均为村委成员,根据具体任务受不同政府职能部门监督指导,例如:改厕任务由街道牵头,区财政投入,村委组织村民参与;违规养殖、河道清污工作由村委协调,区农委、区城管执法局、街道办事处联合整治。

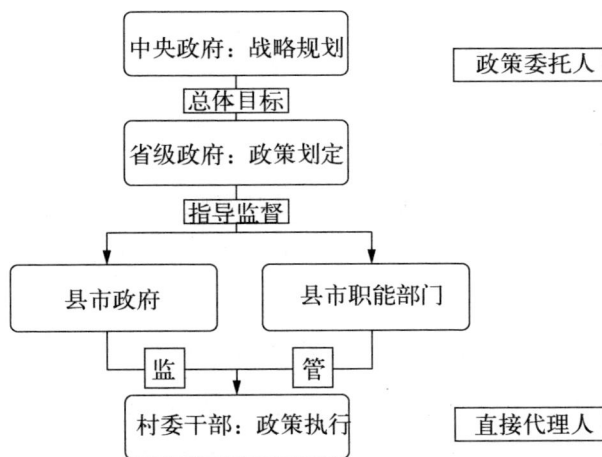

图 4 - 1 委托代理结构

3. 人居环境整治政策激励机制

中央政府要求各省(自治区、直辖市)要以当地具体的农村环境整治实施方案为依据,制定对环境整治工作成果的考核验收标准和办法,检查验收工作以县为单位开展。"将农村人居环境整治工作纳入本省(自治区、直辖市)政府目标责任考核范围,作为相关市县干部政绩考核的重要内容。住房城乡建设部要会同有关部门,根据省级实施方案及明确的目标任务,定期组织督导评估,评估结果向党中央、国务院报告,通报省级政府,并以适当形式向社会公布。将农村人居环境作为中央环保督察的重要内容。强化激励机制,评估督察结果要与中央支持政策直接挂钩。"①根据山林村所属辖区的《目标管理责任制考核计分指标表》,经济发展在当地考核中所占权重为 0.25;公共服务工作整体占比 0.35,其中卫生和计划生育占比 0.05,农村工作(农业、水利、林业等)占比 0.05,安全生产、环保、市场监督占比 0.05,村镇建设(住房保障)占比 0.05;文明创建工作占比 0.15;重点工作总体占比 0.15,其中违规用地占比 0.05;工作满意度评分占比 0.1。由此可见,与农村人居环境整治工作相关的绩效考核在基层整体工作内容中占比不足 0.3,且缺少专项政策激励机制。②

(二) 意义

1. 理论意义

近年来,农村人居环境整治是当前各级政府工作任务的重点,关系到乡村振兴战略的有效推进。由此,学界关于农村人居环境整治方面的研究很多。但现有的探索内容主要聚焦在乡村人居环境存在的问题、改善工作中出现的不足和影响工作推进的因素上,对于政策执行方面展开的研究很少,相关研究主要集中在农村人居环境整治存在的问题、影响因素等角度。基层政策执行是政策研究的重点,是国家基层治理的重要内容,在实践中,公共政策往往容易出现政策执行结果无法达到预期目标的现象,即公共政策执行偏差现象,影响因素可能包括执行主体、目标群体、政策质量、制度与政策环境等诸多方面。本章以滁州市山林村为

---

① 中共中央办公厅、国务院办公厅印发:《农村人居环境整治三年行动方案》,《新疆农业科技》2019 年第 1 期。
② 参考该村所属街道的村(社区)目标管理责任制考核计分指标表。

研究对象,实地调查当地人居环境整治政策的执行情况,以对上级政府和基层的互动关系和多任务委托代理理论为理论支撑深入研究,分析其政策执行偏差,为推进农村环境整治提供理论参考,提高农村环境整治政策执行质量;同时扩展政策执行偏差成因的解释路径,进而扩展政策执行理论的相关内容。

2. 现实意义

当前的农村环境整治主要在各级政府的主导下开展,以项目的形式进行。在实践中,人居环境整治政策受多方面因素影响容易出现偏差,从而直接影响政策实施和目标实现。本章在对安徽省滁州市山林村的人居环境整治状况进行实地调查的过程中发现,当地政府积极推进人居环境整治工作,但人居环境整治的覆盖面不足,整治结果未达到预期标准,同时未形成长效机制,甚至出现"无用功"现象。对此具体政策执行问题进行研究,能够促进乡村社区环境政策的调整和优化,助推政策的实施,从而进一步提高地方农村环境改善政策的执行质量,进而提升农民生活质量,为乡村振兴战略的实施添砖加瓦。

二、个案介绍

在我国的现行体制中,村干部需要执行上级政府交办的各项工作任务。然而任务内容涵盖面广、错综复杂,除直属辖区政府的任务外,也包括政府各职能部门直接下发的工作任务。村干部作为政策实施的最终代理人,面对着诸多任务委托。与此同时,村干部身处政策执行场域,是农村政策执行的利益相关者。村干部面对科层组织的重重任务与农村社会复杂的情境,可能在政策执行过程中遇到矛盾冲突,在此背景下,村干部常常通过使用自身的剩余控制权在政策执行中采取变通行为。山林村的人居环境整治政策于 2019 年 5 月开始执行。开展初期,区政府组织各村开会动员,并带领村民代表、村组长、党员代表、村委干部去农村人居环境整治先行村进行参观学习,吸取经验。村委召开村民大会,对全村群众进行动员,宣传人居环境整治政策,集思广益,讨论山林村人居环境整治的具体方案。通过人居环境整治政策的执行和宣传,村民整体环保意识得到提升,在日常行为中自觉维护村内环境。

(一)村庄环境整治情况

山林村位于滁州市城北,土地面积 26.4 平方公里,辖 16 个村民组,共 780 户,总人口 3520 人。全村耕地面积 9757 亩(其中水稻面积 6090 亩),林地面积 7478 亩,水面 1200 余亩,建筑用地 2521 亩,是典型的农业村。山林村隶属 L 区,L 区作为农村人居环境整治二类县,配合文明创建工作,注重对农村社区的环境进行优化改善,在当地村庄进行美丽宜居村庄的建设。响应党和政府工作,在 L 区内推进"六清一改"①村庄清洁行动,围绕村庄"脏、乱、差"等突出问题开展大扫除、大清理、大整治。积极推进农村户厕改造,截至 2021 年卫生厕所覆盖率达 93.8%;治理农村生活垃圾,政府招标,实现农村环卫全覆盖,环卫公司将生活垃圾统一送至市皖能发电厂进行处理,农村生活垃圾的无害化处理率达到 100%;结合全市全区村庄布点规划,建设污水处理管道,控制生活污水,山林村位居滁州市饮用水源上游,被纳入污水处理管道建设的范围;利用农业生产废弃物,截至 2021 年畜禽粪污利用率达到 100%,秸秆综合利用率达到 90%,农膜、农药化肥包装废弃物回收率超过 80%。

山林村环境整治在当地有较为明显的成效,多次受到上级领导的视察表彰。通过对改善环境现象明显和环境改善程度较低的几个村组进行深入调查和访谈,获得了山林村在改善当地村民的居住环境期间的政策举措与推进情况。

---

① "六清",清理垃圾、清理污水、清理乱堆乱放、清除乱贴乱画、清理水面漂浮物及清除破危房屋墙头;"一改",改厕运动。

(二) 政府统一安排的农村人居环境整治任务

首先,人居环境整治要求道路畅通。由政府财政投入资金,修建硬化村内道路,保证村组间道路畅通。其次,山林村开展"六清"活动,集中整治农村人居环境。村委按照政策要求,针对道路、村组、河塘沟坝等处的环境卫生与村容乱象进行整治,重点开展清理垃圾、清理污水、清理乱堆乱放、清除乱贴乱画、清理水面漂浮物及清除破危房屋墙头等"六清"活动。村委组织村民打扫房前屋后卫生,清理房屋周围垃圾,清除道路两旁杂草树枝;组织人员检查村内乱搭乱建现象,协调清理田间屋后的草垛、杂物,动员拆除村内违章建筑,无法拆除的联系街道、城管部门处理;设河长定期巡查,检查水源是否出现渗漏,是否杂草丛生,是否违规养殖,是否出现水质量污染等;协调拆除田间旱厕和老旧危房。垃圾处理工作由政府招标,将垃圾清理、收集、转运的工作外包给环卫公司,环卫公司在村内投放垃圾桶,定期收运垃圾。村委安排专人定期打扫村内道路,主要由老党员、干部无酬参与,将垃圾清理至垃圾投放点。其三,区政府统一部署改厕运动。2020 年起区政府安排农村改厕项目专项资金,用于采购农村户改厕所需的相关配套设备(管道、便器)、地下部分(三格式化粪池)建设设施等。相关的配套设备(管道)和地下部分(三格式化粪池)及设备安装由各街道统一采购和组织实施;厕屋、厕具等配套设备由村民自建,政府给予一定奖补;改厕完成并通过区委农办组织的联合验收后,按照改厕完成进度依每户 600—1000 元标准奖补街道。村委召开村组长会,开展改厕宣传和健康教育,引导村民正确使用无害化卫生厕所,动员村民参与改厕运动。由于村民的意愿不同,改厕运动分批进行,并由街道招标工程队进行施工,逐一入户改造厕所,村委干部负责从中沟通协调,改造工作结束后委托第三方进行验收。其四,2021 年年底山林村开展自来水管道铺设工作。通过 L 区 2021 年城乡一体化工程及农村饮水中央资金维修项目建设等工程措施,利用城市自来水管网延伸工程,来解决城乡结合区域农村居民饮水问题,推动实现城乡供水一体化。自来水管道先从国道两旁的村民组开始铺设,村委负责协调管道铺设中的路线问题。最后,由政府主导在山林村修建污水管网。山林村位于水库上游,政府为对饮水资源进行保护,在山林村铺设纳污接管,防止村内水源污染的同时,保护滁州市的饮用水源安全。

(三)山林村村委干部主导的农村人居环境整治行为

山林村村委响应上级关于农村人居环境整治的号召,召集陈凤郢、龙亭两个村组长召开村组长会,讨论进一步开展乡村社区生活环境改善的相关工作以及关于该项整治任务的具体执行措施。(1)上林村组。位于国道旁,人居环境不仅关乎村民利益,也影响当地门面风貌。为保持人居环境整洁、道路美观,村组长动员劝说村民,清理拆除村民组内的老式旱厕和老式猪圈,圈养家禽。同时,村组长引导村民定点丢弃垃圾,对乱扔垃圾的村民登门劝说,村组内几户村民共用一个定点垃圾桶,由环卫公司定期来收。在村委领导下,村组长组织村民对国道两旁的环境进行整治,村组长根据实际情况,不定期组织村民清理道路旁的枯枝杂草和路面垃圾,修补道路旁不美观的坑洼地面,整平突出的土堆砂石。村组长每次召集村民的人数不定,多至二十几人,少至几人,通过村民组的集体收入来支付参与劳动的村民工钱,通常每人每天100元。(2)陈凤郢村组。村组边有一个40多亩的水库,后倚山林。由村干部领导,村组长带头,修整房前屋后杂物杂草,统一规划,由村民组出资,将屋前的小块土地修整出来,用栅栏围起,种植蔬菜花草;村民组购买太阳能路灯,将其安装在村组内道路的两旁,实现村组内的道路亮化,方便村民夜晚外出;对村组内布局杂乱、不整洁的菜园进行统一规划布局,提升村内美观度和环境卫生水平。村民组原计划对组内房屋进行徽派建筑样式改造,白墙灰瓦,后因土地增减挂钩政策的限制而拆除。(3)龙亭村组。位于国道旁,开始执行人居环境整治政策的时间较晚,仿照陈凤郢的环境整治方式对村组内的人居环境进行整治。村组长组织人员,清理杂物杂草,将整理出来的小块土地统一规划,由村民组出资,用栅栏围起建成花坛,种植蔬菜花草。后期同样受土地增减挂钩政策影响,改善乡村社区生活环境的工作就此被搁置。

三、农村人居环境整治政策执行偏差的特征

本章通过对山林村个案的实地调研,总结出山林村在改善乡村人民生活居住条件的政策执行过程中存在的偏差,并对偏差的特征进行分析描述,进而为后文分析其形成原因奠定基础。

(一)代理人政策执行的行为偏差

对于农村人居环境整治政策,中央政府同样采取一贯的委托代理方式。中央政府制定国家政策,并作为政治任务的第一委托人,将环境整治的政策任务委托给第一层级代理人——省级地方政府。同时,中央政府也将其他的政策任务一并委托给省级地方政府。中央政府设置激励条件,要求省级政府依据当地制定的政策实施计划,编写对于该项政策任务的检测验收标准和办法,省级政府应以县为单位核实和验收地方政府改善农村人居环境整治政策的成效;将改善农村人居环境工作纳入地方政府的评估,作为相关市政管理人员绩效评估的重要内容;住房、城市和农村发展部应定期组织监督和评估地方工作,并向中央政府和国务院报告情况;将农村人居环境作为中央环保督察的重要内容,评估督察结果与中央支持政策直接挂钩。省级政府作为第二层级的委托人,根据中央政府的战略目标,制定政策措施和下级政府的绩效考核指标,将任务传达至县(市)级政府。县(市)级政府为政策实施的代理人,也是向最终代理人村干部传递任务的第三层级委托人。山林村村干部作为政策的最终代理人,在具体政策执行中根据现实情况,可以对原制度进行巧妙

调整。表面上看，其政策执行遵循委托人的战略规则，与原政策目标一致，①但实际上由于委托代理过程中的信息传递不对等与多任务委托间可能存在冲突等问题，代理人的政策执行行为结果可能与原政策的目标和精神不相吻合。

1. 选择性执行：美好家园与"脏乱差"

选择性执行是指政策执行者未全面、系统、持续地执行政策，而是从自身意愿、利益角度、难易程度、监督机制强弱等角度出发，自发选择执行部分政策。在山林村的人居环境整治政策执行过程中，村委干部的政策执行行为并未辐射到整个村，村干部希望在短期内，通过村委少量投入，快速出成果，故而将人居环境整治集中于个别村民小组，在山林村下辖的 16 个村民小组中，对其中 4 个小组进行重点环境整治。在对山林村的调查中出现两种截然不同的声音。一种是"我们组搞得漂亮，路边灯也装好了，晚上和白天一样，我们前面有个四五十亩的水库，旁边的山也漂亮，一整治完真是依山傍水、绿水青山"（ZDW20220116ZPR）。在人居环境整治中，村组长带领村组成员对村组内的人居环境进行优化提升，包括组内公路修缮完善、村民房屋集中建设等。同时，村组逐步完成组内道路亮化、规整菜地、组内绿化。这一部分的建设资金和组员参与的工资，由村组集体收入承担。经过整治，该村组的人居环境显著提升，并成为当地农村人居环境整治的示范点之一。另一村组的组长则表示，"哪有什么人居环境，我们那边就是脏乱差，下雨天都是泥，门都出不去"（YSC20220117ZPR）。其所属村组的位置不佳，村民房屋分散，组内道路未完成全部硬化，部分道路由村民自行铺上石子，部分道路仍为泥土路。同时，该村组垃圾处理存在诸多不便，仍有掩埋焚烧垃圾的现象。垃圾处理工作由街道招标外包给环卫公司，但在山林村没有达到全覆

---

① 刘祖华：《村头官僚、政策变通与乡村政策的实践逻辑：村干部政策角色的一个解释框架》，《甘肃行政学院学报》2008 年第 2 期。

盖,只辐射国道两边村庄,靠山的村民组不涉及其中,垃圾车进不去,垃圾处理仍是堆在路边。

在人居环境整治政策执行中,山林村积极推行政策并取得良好实效,而实际上并没有真正全面贯彻政策精神,未能达成完整的预期政策。村委在政策执行中有选择地去执行其中一部分比较方便的、易出政绩且奏效快的政策内容。当时主抓人居环境整治的村干部表示:"我们搞人居环境整治的时候,选陈凤郢是因他们组住得比较集中,相对来讲好规划一点。像西古城那边村民住得很零散,穿插在田边和山丘上,那里的环境整治没有办法搞,最多组织人捡下房屋周围的垃圾。西古城的路也没有修通,基本上不会修了。像我们当时搞人居环境整治也就是把几个住得比较集中、靠在路边上的村组整治了一下,这几个村组有经济实体,上面给一部分资金,组里面也出一部分资金。""我们村人居环境工作做得好,上面领导下来看了几次,街道还让我们拍个微视频做宣传。"(CYL20220116ZPR)

由此可见,山林村村委在政策执行中会作出规避风险的行为决定,倾向选择投入少、见效快的政策执行方式,既"达成"政策任务,又获得了上级政府的表彰。但这种行为带来的后果是,当前阶段推进的政策并未被完全执行落实,在村干部所辖行政区域内部,政策执行的效果差距显著,背离了作为任务委托人的上级政府的计划初心。

2. 象征性执行:面子工程,"劳民伤财"

象征性执行是指政策执行者在政策执行过程中只做表面文章,搞形式主义、面子工程,政策执行只是走走过场,而没有任何实际作用,或执行起来虎头蛇尾、前紧后松、敷衍塞责,无法产生政策实效。山林村的农村人居环境整治政策执行中,出现多个无效执行,即花费人力物力对人居环境进行整治后数月内便被拆除,政策执行的成效昙花一现,环境整治政策的执行变成展示给上级领导的面子工程,受到多方领导参观检查及表彰,为当时的牵头者留下一笔政绩,但政策执行的结果短暂,大大偏离预期政策目标。"我们当时做人居环境整治的村民组，大大小小开支有50万，5月整治人居环境，11月2号就拆迁了。人居环境整治我们开始做得好，村里整治得漂亮，上面领导来现场看，开表彰会。因为做得好，还让我去拍视频宣传，我不愿意，我觉得自己夸不出口，这事情办得劳民伤财。我们前期付出了那么多，结果是搭戏台子给上面看，钱等于是打水漂了，一点意义都没有。政策是好政策，实施上确实没干成好事。"(CYL20220116ZPR)山林村村委自行组织的人居环境整治工作，主要选择行政村内的四个村组推动实施，但在整治行动完成几个月后，其中一个环境优化后的村组即面临拆迁。该村组由于自身地理位置因素，被纳入土地增减挂钩政策的征地范围，全村组需进行搬迁，原有组内建筑均需要拆除，包括其在人居环境整治期间建设的设施一并拆除。人居环境整治政策执行追求一时的政绩，不考虑长远成效，浪费大量政策、劳动、物质资源，做无用功。

在人居环境整治中，基层干部敷衍塞责，虎头蛇尾。一村组长表示："当时是街道办的干部下来村里当代理书记，带领我们搞人居环境整治，我们村民组自己组织人干活，打扫卫生、清理杂草杂物花了一个夏天的时间，工钱是由我们自己村民组来出。本来如果说环境整治干得好，我们会有奖励，结果奖励还没有收到我们组就被拆掉了，村里面说是又下来一个新政策，也不知道是上面的政策还是什么地方的政策，我们老百姓也不知道政策的情况，只能是上面下达什么命令，我们配合工作。"(ZDW20220116ZPR)在政策宣传时，干部用奖励来激励村民，但实际任务达成后并未有奖励，甚至任务成果也未能保持，村民对政策产生怀疑，对村干部和对政策的信任度降低，响应政策的积极性减弱。

3．机械式执行："拆""建"同步

机械式执行指政策执行主体在政策执行过程中，不考虑现实情况，直接按照文件章则办事，程序化、机械化地执行政策，对上级政策照搬照抄。山林村村委的政策执行行为中存在机械式执行，不结合当地实际情况,照搬政策内容,当地部分村组在改厕工作开展时同时处于土地增减挂钩拆迁阶段,村组拆迁在即,基层政策执行者不考虑政策面对的现实境况,无视新情况和新问题,照搬上级改厕政策,造成有的村组内出现拆迁工作与改厕工作同步进行的情况。基层干部为达成分配的政策任务指标,不积极反馈信息,呆板地执行政策,甚至形成过度执行,把政策执行的责任转嫁到政策本身,不仅对政策针对的具体问题毫无帮助,而且耗时耗力、得不偿失。

(二)人居环境整治政策执行的内容偏差

农村人居环境整治的政策任务经过各级政府层层分解细化,下达到农村基层具体执行。农村社会的环境复杂,面临诸多不确定因素,上级政府对基层具体信息的掌握不足,在其解读并下发政策任务时,并非事无巨细地详尽细化政策标准,而是提出原则性要求和宽泛标准,为政策执行留有空间。村干部享有剩余权,可相机决定部分政策执行行为。这在为政策执行提供便利的同时,也有可能造成政策内容的歪曲,出现政策执行偏差。

1. **政策执行内容的片面化**

政策执行内容的片面化指在政策执行中对政策内容断章取义,仅针对人居环境整治政策的部分内容进行解读和执行,政策执行片面,甚至可能出现极端化。根据 L 区《2020 年农村改厕实施方案》,多年无农民居住或三年内有重新安置方案的村民住所,按照改厕方案并不强制要求列入厕所改造计划,同时不被计入需要改厕的总农户数量的范围。但在实际执行中,山林村的基层直接代理人忽视了这一内容,将政策重心放在"改厕运动"的"改"这一环节,对于改厕的实施、验收环节极为看重,但忽视前期准备阶段,将拆迁村组的村民也纳入改厕范围。其对人居环境整治政策内容片面解读,导致解读极端化,从而出现一个村组内,拆迁与改厕工作同时进行的情况。所以,政策解读片面化,造成人居环境整治政策执行内容上的偏差,不仅无益于提升群众的人居环境,也浪费了人力物力。

2. 政策执行内容的孤立化

众所周知,在我国,政策规划不仅有短期目标也有长期目标,在整体规划内,政策的制定注重其科学性和连续性。山林村在对政策内容进行解读时出现孤立化现象,不考虑政策间的相关性,将农村人居环境整治政策独立出来解读,并依此作出政策行为决策,造成政策间的相互抵消。山林村有部分村组是土地增减挂钩政策的政策执行对象,即将面临拆迁,但在农村人居环境整治政策执行时,村干部忽视政策的连续性,仅考虑人居环境整治政策自身的内容,在解读时将环境整治政策孤立化,不考量长远村庄规划,仍选择即将拆迁的村组作为人居环境整治政策执行的对象。"我们组里当时老老少少都一起去除草了,就和我们平时去打零工一样,组里发工资了,整完也挺好看的,敞亮多了。但是没保持多久,我们就拆迁来这边了,我们现在在这边临时住着也还不错。只不过当时搞的小花坛、篱笆墙都拆掉了,太浪费了,搞得再漂亮,拆掉了也是无用功。不过这个我们也管不了,都是听上面的安排。"(ZHM20220115ZPR)短期内,山林村达成人居环境整治政策目标,但在几个月后,村组拆迁,人居环境整治政策的成果消失,人居环境整治政策效果被土地增减挂钩政策抵消,造成资源的浪费,同时给村民以"朝令夕改"的印象,降低了村民对政策的信任度。由此可见,政策解读孤立化是人居环境整治内容出现偏差的重要原因,不利于政策的连续,造成资源的极度浪费。

(三) 小结

本章对山林村人居环境整治政策的执行状况进行研究,通过实地的调查访谈分析该村政策执行中存在的政策执行偏差现象。村干部在实施改善乡村人民生活居住环境的行为中出现偏差,同时该项环境政策执行的内容也存在偏差。一方面,村干部是农村人居环境整治政策最终落地的执行人,村庄内部的权力监督机制不完善,村干部在政策执行中有较大的裁量空间。村干部是政策执行的终端,他们更能准确地了解村民需求和客观政策执行环境,因此上级将村干部作为农村人居环境整治政策的必要主体,由其来具体执行环境整治政策。只要能在政策执行者的行为中发现其对于政策任务可进行是否作为的行为选择,就意味着该基层行政人员具有相应的剩余权所赋予的自主行为范围,村干部在政策执行中自行调整执行的内容和方式,给自己的政策执行过程创造便利,降低自身的工作推进难度,即通过剩余控制权来为自身谋求便捷,而不是为广大人民群众提供服务。农村人居环境整治是当前乡村振兴战略的重要组成部分,政策的受益对象应为全体村民,对环境问题严重的地区理应加强整治力度,但在山林村实践中,对政策执行的对象进行选择,亟须整治的地区受种种政策考量没有开展相应的政策执行工作,政策执行行为出现偏差。另一方面,当前我国乡村在治理和政策执行中,运动式治理仍普遍存在,农村人居环境作为一种显性绩效指标,存在执行压力。村干部在执行过程中选择政策执行内容,仅针对当前的政策"运动",不考虑长远乡村规划,政策执行内容出现偏差。

四、农村人居环境整治政策执行偏差的成因

前文描述了山林村人居环境整治政策执行过程的情况和政策执行偏差现象,本部分将从上级政府与村干部间存在多任务委托代理关系的角度出发,分析乡村人居环境整治的实施过程中偏差因何产生。村干部是人居环境整治政策的直接执行主体,其具体政治任务的落实行为直接决定了政策的最终成效。本章尝试分析导致政策执行偏差的逻辑,以期为搭建相关领域的理论分析体系作出力所能及的贡献。

村干部和村民、国家之间存在"委托—代理"关系,是国家政策在农

村实施的"乡镇代理人",也是代表村民利益、意愿的"村民当家人"。村干部作为基层干部,是国家行政的末端,在政治生活中与村民直接互动,在我国政策实践中拥有相当程度的政策决策权,政策执行的主动空间较大,对政策执行有重要影响。多任务委托代理理论以利益冲突和信息不对称为基本前提假设,代理人存在道德风险,可能采取违背委托人的政策目标的行为。同时,激励机制不完善,不能有效地将代理人的行为目标向政策目标进行调整。

(一)政策执行冲突

政策推行中,委托人制定政策时设置的政策目标可能与代理人具体执行活动中的利益诉求不完全一致,由此产生主体间的政策冲突。同时政策任务的委托并非单一委托,代理人身处政策执行末端,面对诸多政策任务,不同任务之间可能存在冲突。

1. 多任务委托代理主体间利益诉求冲突

多任务委托代理理论的假设是委托人和代理人都是"理性人",都追求自身利益的最大化。就实施农村人居环境整治政策而言,上级政府制定政策的目的在于整治农村环境,建设美好乡村,提高村民居住环境水平,增进人民福祉。所以对于作为委托人的上级政府,它的利益诉求即为达成改善农村人居环境水平、推动乡村生态振兴的政策目标。而对执行政策的代理人村干部而言,一方面,其利益诉求在于用最低的成本完成上级布置的任务,在尽可能减少自身工作量的情况下,交出一份好的答卷。在山林村的政策执行实践中,副支书和妇女主任表示:"2020 年那两年人居环境整治是重点,主抓这个工作,纳入绩效考核。"(LT20200118ZPR)"我们搞人居环境整治,肯定要选好规划的村民组,规划起来方便","整治环境要出人力,需要花钱,所以我们找的几个村民组都是组里有集体收入的,有钱来做这个事情。"(CYL20220116ZPR)因此,村干部实施人居环境整治政策时,出于绩效考核任务和降低工作难度的双重因素考虑,选择国道沿线村民组作为该村人居环境整治政策的执行对象,这种选择性执行的偏差行为满足了其自身的利益诉求。

另一方面,村干部在执行农村环境整治政策的过程中,希望满足自身工资收入、绩效考核、工作环境、社会地位等需求。在政策执行过程中,村干部追求自身利益的最大化,当他发现执行某项政策达不到他们期望的结果,甚至损害其自身某些利益时,为维护自己的利益,便会采取抵抗行为消极执行来规避风险。"西古城组里路没修通,人住得零散,没办法搞环境整治"(CYL20220116ZPR),村干部在政策执行中,为减少自身工作量,提高绩效考核成绩,将情况复杂、政策执行困难的村民组排除,不纳入政策执行对象的范围,出现象征性执行或选择性执行公共政策的现象,政策执行偏差由此产生。多任务委托代理的主体间存在利益冲突,出于对自身利益的维护,村干部在农村环境整治政策的实施中追求自身利益,有所倾向、有所选择,利用职务之便和体制漏洞,经由所谓合理或合法的规则、程序和途径,达成自身的利益最大化。村干部政策执行行为的依据不是现实情况和政策目标,而是自身的利益诉求,不利于政策目标实现的政策偏差现象或偏差行为就此发生。

2. 不同政策任务间存在冲突

在政策执行领域的多任务委托代理关系中,村干部作为行政末梢,几乎无法被替换,其政策代理人的身份在农村社会中具有垄断性,要接受来自上级政府和职能部门的多项政策任务,在这种多任务委托对单一代理人的情况下,不同任务之间难免出现冲突。在农村的政策执行过程中,存在种类繁多且灵活、难以预料的政策情境,村干部又承担大量政策执行任务,其行政权力的行使范围和方式没有健全完善的法律制度体系,在实践中存在大量制度空白,因此存在较大的政策决策空间,主导着政策执行的互动过程和节奏。村干部的剩余控制权是其在政策执行过程对执行对象进行主观的观察和判断后根据需要调整政策执行的权力,难以限定剩余控制权的限度。在村干部执行农村人居环境整治政策的同时,扶贫、土地增减挂钩、高标准农田建设等多项政策任务同时需要代理人落实。当这些政策的原则和目标产生重合的部分时,村干部可快速决断,便捷地采取同步实施行为,但当不同的政策间出现资源、人力、时间等冲突时,村干部需从中考量,决断政策执行行为的倾向。当代理人在同一时间面对多项任务时,任务间可能出现矛盾现象,这时的代理人将面临着艰难抉择。当代理人选择尽力完成其中之一的任务后,代理人无法避免会遭遇与之相矛盾的任务效果下降甚至无法完成的情境。我国现行的对政府工作人员的绩效考核方式,是一种多元考核模式,这就意味着作为政策执行者的代理人可以有所选择,在多项考核中权衡利弊,作出最有利于自身政治发展目标的选择,表现在政策执行行动上体现为避责行为,躲避风险,在政策推行中采取消极行动。① 或者村干部会根据自身对政策的理解判断,优先执行实施见效快、收益高的政策任务,让其他政策任务为其让行,甚至可能执行其他任务只用于应付考核。"我们组没有(进行人居环境整治),别的组当时建的有小花坛、栅栏,上面来了几拨人看(检查),后来都拆掉了。"(YSC20220117ZPR)村干部面对绩效考核的压力,在多项委托任务同时出现时,更偏向于在考核占比高的任务上投注精力,环境政策往往为经济政策让路。由此,村干部认为某项政策可以非优先执行,自然会将其忽视,产生诸如象征性执行、片面执行等形式的政策执行偏差行为。

(二) 政策主体间信息交流不足

在多任务委托代理结构中,"从委托人到代理人,从中央到基层,跨越的层级越多,其治理的相关信息越是难以掌握,其权力行使越是难以监督,其任

---

① 佟健、宋小宁:《多维政绩考核、冲突任务与"为官不为"——一个多任务委托代理模型》,《当代经济科学》2018 年第 4 期。

务完成情况越是难以考核。"①在政策执行领域由于政策的制定权和执行权的相互分离,政策制定者和政策执行者之间存在明显的信息不对称现象。

1. 委托人和代理人间政策信息不对等

一方面,中央政府作为委托人,制定战略目标方向,但难以把握真实的基层政策执行信息。官僚组织内部正式信息以法定的程序进行传递,在"自上而下"的传递过程和"自下而上"的反馈过程中,科层制的从属关系严格,阻碍了信息传递。政策制定者往往只能观测到政策结果而无法监测政策执行者的行为,在"金字塔式"的组织结构中,信息经过多层次传递发生磨损,使得到达最上层或最下层的信息发生失真与异化,信息不完全,产生偏差。同时,政策制定者的信息获得主要依靠政策执行者的反馈,这其中存在道德风险,当村干部的道德素质较低时,村干部为追求自身利益在政策实施中采取政策异化、扭曲执行的可能性高。政策任务委托人远离村干部的政策实施现场,其决策对政策执行者提供的信息有依赖性,其对基层干部决策的具体内容、剩余权行使方式等缺乏了解,很难对其进行控制。代理人在政策执行中可利用自身所具有的主动优势,隐瞒对自己不利的信息,夸大对自己有利的信息,通过运用剩余权让"政策走样""目标偏移",以便降低政策实施执行的难度,使政策更容易被民众接受,或者异化政策内容改造执行任务,来实现个人利益,政策执行偏差由此产生。在山林村的农村人居环境整治中,村委同样拥有信息优势,更了解政策目标群体的情况和当地政策环境,但其忽视自身掌握的具体信息,照搬照抄上级政府制定的政策,机械性执行,由此产生政策资源和人力物力的浪费,使政策目标无法落到实处。

另一方面,村干部作为最终代理人,掌握大量政策目标群体和政策环境的具体信息,比上级政策制定者更清楚目标群体的特点,更了解政

---

① 季乃礼、王岩泽:《基层政府中的"留痕形式主义"行为:一个解释框架》,《吉首大学学报(社会科学版)》2020 年第 4 期。

策执行的环境,更能发现政策本身可能存在的问题,但缺乏对信息的整体把控,无法做到政策有效衔接。山林村在执行农村人居环境整治政策的过程中对上林、陈凤郢和龙亭几个村组进行改造建设并有所成效,但随后的土地增减挂钩政策将陈凤郢和龙亭划入拆迁范围。人居环境整治政策与土地增减挂钩政策的衔接中,由于信息不对称,出现两项政策矛盾,人居环境整治的建设成果在土地增减挂钩政策实施中被拆除,导致人居环境整治政策的部分执行行为失效,对资源造成大量浪费,影响村民对政策的信任度。

2. 信息反馈机制匮乏

与此同时,政策的监督反馈机制不完善,更容易致使政策执行者与政策制定者之间沟通不畅,信息不对称。监督机制的不完善是政策执行者为追求自身利益而导致政策执行偏差出现的重要原因。村干部与政策执行对象之间缺乏正常的良性互动,即两者之间存在严重的信息不对称。政策执行对象缺乏获取政策信息的能力和渠道,当村两委内部形成利益联合体后,缺少监督反馈机制的村民等社会监督主体更显势弱,无从行使自身对政策执行的监督权利。信息无法通过监督反馈机制向上传递,村干部可通过他们的剩余控制权增强自身在政策执行中的主导地位,使得代理人的工作变得便捷与安全,剩余控制权的威慑力被用于代理人服务自身利益而非服务村民利益。公民作为受惠者或服从者,为避免受到基层干部借由权力的"合法伤害",往往默认或配合基层干部的行为,表现得谦卑且恭顺。① 对于山林村的人居环境整治政策,村民的"自愿行为"在某种程度上受迫于村干部,村民在政策执行中即便对政策执行的方式等产生不满,也选择配合接受,即使无法从中获得利益,至少可以使自身免受伤害。基于此,村民对政策执行偏差的放纵,使政策执行

---

① 韩志明:《街头官僚的空间阐释——基于工作界面的比较分析》,《武汉大学学报(哲学社会科学版)》2010 年第 4 期。

偏差行为愈发常见。在中国特色的城镇化进程中,山林村大量中青年离乡发展,对村干部政策执行进行监督的社会主体结构松散。同时,山林村对村委的监督机制不完备,监督权利的范围不清,缺少制度保障,缺乏有效的监督程序,对村干部政策执行的监督严重不足。村民缺乏监督政策执行的意识,除"个人恩怨"等极端情况,村民通常不会选择揭发村干部不当的政策执行行为。在农村人居环境整治政策执行中,村干部的自主权利与对其的监督约束力不对等,政策执行对象监督无力,村干部的权力没有强制度监督,为各种偏离行为提供滋生的土壤。

(三) 政策执行的激励机制不健全

根据当地对村干部的目标管理责任制考核机制可知,村干部同时承担经济、社会、党建等多项政策任务,农村人居环境整治政策虽为农村工作的重点内容之一,但在绩效考核中所占比重并不大,人居环境整治政策执行的激励不足。

1. 政策压力繁重

处于代理人角色的村干部同时承担部分公共服务、公共管理职责以及上级政府的政策任务,工作量极大。在我国现行的绩效考核制度体系下,村干部产生追求考核成绩逃避责任追究的心理,由于村庄内部的行政资源并不充足,当村干部面临多项政策任务时,出于利益最大化考量,会对政策任务在村庄内部执行时的轻重缓急作出排序。村庄的人力、物力、财力在具体政策施行中会倾向于先供给排序靠前的政策任务。在现实政治生活中,村干部承担大量农村的行政事务,而村委的人手不足,山林村全村总人数 3000 余人,村委成员共 6 人。"所有的事情都是我们的,街道上、区里的任务全下发到我们村里……我们村里干事的人也少,总共就 6 个人,还有个今天新来的书记助理……你看现在都 6 点多了,我们这事情还没有忙完呢。"(ZT20220118)"我们村 2020 年左右抓人居环境整治,当时是我负责,那段时间跑前跑后带着几个村组长清理卫生,人又瘦又黑。"(CYL20220116ZPR)面对上级政府的政策任务,村干部也会根据政策内容、自身经验、认识等作出轻重缓急的决策。"现在人居环境整治不是工作重点了,最近主抓的是土地增减挂,人居环境整治现在是一个常态化的东西。"(LT20220118)同时上级政府将政策任务下达农村时,也有相应的时限要求,村干部必须在规定的时限内完成政策任务。在压力影响下,村干部在政策执行中发生取舍行为,政策执行的完整性和实效性大打折扣,偏差现象由此产生。

2. 缺乏健全的激励机制

根据多任务委托代理理论,在任务施行的过程中,委托和代理的双方掌握的信息并不是相同的,代理者拥有更多的实际信息资源,信息不对称及与委托人目标不一致,同时代理人的任务诉求和委托人不尽相同。出于对此种情况的考量,代理人在完成任务的实践中可能作出违背委托人利益诉求的决定,[1]通过激励机制可加强代理人与委托人的目标一致性。村干部承担大量政策任务,工作难度大、任务强度高,但其收入水平低,缺乏保障,收入与实际工作量不相符合。同时村干部缺乏晋升途径,晋升空间狭小,职业发展前景较差。由此,部分村干部选择安于现状,碌碌无为,无视村民的迫切需求和现实需要,在政策执行中敷衍了事。山林村村支书对该村的部分村干部长期存在的消极行政行为表示不满与无奈:"我们村子去年刚换届,现在上面要求班子年轻化,我和主任都是刚上来的。之前的书记退休年龄到了正好换届就退了。我们现在太缺人来干事了,人手不够。像我们有两个村委的老成员,今天上午村里开组长会议忙成那样,他们来都没来。"(ZT20220118)"我们村委班子重选之后,事情也多,又经常召集开会,包括村组长也经常开会,大家平时都有自己的事情,现在村委有什么政策要做叫不动人。"

---

[1] Tirole J., *The internal organization of government*, Oxford Economic Paper, 1994, 46: 1 - 29.

（CYL20220116ZPR）在村干部难以从组织资源中获得激励的同时，现有的监督和处罚机制对村干部造成负激励，失误与过错会使村干部遭受追责和处罚，问责强度大，基层干部的剩余索取权缩紧，基层干部的避责意愿高于其对利益追求的欲望。在这种背景下，部分村干部出于自我保护的考量，不断寻求责任规避，不愿意做出头鸟。在山林村人居环境整治的政策执行过程中，存在缺乏物质激励的问题。村干部在政策宣传时表示参与整治行为会以奖代补，"当时动员我们搞人居环境整治的时候说让我们自己先垫钱，虽然没有补贴，但是做得好会有奖励，以奖代补，奖励应该还会高于支出。结果过了那么久，也没有奖励"（ZDW20220116ZPR）。在村民组自己出资进行整治活动后，村委事先给出的承诺并未履行，引发村民对政策的不信任，降低了其持续配合政策执行的积极性。同时，基层的薪酬激励制度僵化，基层人员的薪酬较低，不适应当前经济发展水平，但面对的工作任务繁重，基层人员的积极性大大降低；基层人员的晋升激励匮乏，工作上升途径不足，不能满足其政治发展的预期。"村委的人少，有什么工作还是要动员我们组长来做。三天两头召集我们开村组长会，布置任务。我们村组长原先年底还会有些补贴，现在一年也就 3000 块钱，我们随便出去找个地方打工，一个月就能赚到。我们村组长和村委成员也不一样，他们有编制，我们什么都没有，所以你看很多人都不愿意办事。"（CZS20220118ZPR）

由此可见，上级对村干部的激励不足，村干部的心理预期较低，致使其工作积极性降低，政策执行以满足绩效任务为导向，从而出现机械化执行等政策执行偏差现象。在多任务委托代理关系中，不同任务间的激励强度存在差异。多任务委托代理理论认为组织是一个由激励强度、工作设计和资产配置等治理工具构成的激励系统，①具有在任务间进行注

---

① Holmstrom B. &Milgrom P. , *The Firm as an Incentive System* . The American Economic Review,84(4):972 - 991.

意力分配的功能。① 在政策执行领域,绩效易测任务比绩效不易测任务对代理人更具有吸引力,代理人在强激励下会向短期内绩效易测任务分配更多的注意力。生态环境相关任务较经济任务而言更难在短期内见效,且检测标准更难量化,因此当农村人居环境整治政策的激励不足时,村干部更容易对其采取消极执行的态度,从而偏离政策目标。

五、农村环境整治政策执行偏差的矫正

本章基于多任务委托代理理论,以山林村人居环境整治政策执行为个案,分析了政策执行偏差产生的原因。通过理论分析与案例分析,本章认为:(1) 在具体的农村政治生活中,多任务委托代理的主体间存在利益诉求的差异,村干部作为最终代理人,其行为选择可能受自身利益诉求影响,政策执行行为存在道德风险。(2) 在现实的政治生活中,中央政府并不只是制定单一的政策,因此其并不是向地方政府派发单一的政策委托,当地方政府收到多个同步下发的委托时,大多将要面临不同政策之间存在相互矛盾环节的局面。基于现实考量,村干部作为政策任务的最终代理人,会出现选择性地完成使自身收益最大化的政策组合的行为,中央政府原本的政策目标难以达成,增加政策象征性执行的风险。(3) 在多任务委托的过程中,信息传递的畅通是影响政策有效执行的关键,自上而下的信息高效传递有助于增强政策连续性和有效衔接,自下而上的信息快速反馈有助于上级政府对基层的监督指导。(4) 激励机制不完善,不同任务间激励不相容等原因使基层干部的自身利益追求无法和中央政府的政策目标在执行行为上达成一致,从而造成政策执行偏差的可能性增加。综上,从多任务委托代理的视角来看,基层政策执行过

① Holmstrom B.&Milgrom P., *Multitask Principal-Agent Analyses*:*Incentive Contracts*,*Asset Ownership*,*and Job Design*,JL Econ&Org.,7 (Special Issue [Papers from the Conference on the New Science of Organization,January 1991]):24 – 52.

程中政策执行偏差出现的主要原因在于委托人和代理人之间存在利益冲突、不同委托任务间存在任务冲突，委托人到最终代理人间的信息不对等，现有的激励机制不能有效调和基层干部与上级政府间的政策目标矛盾。

（一）提高政策执行者的综合素质

中国的乡土社会是一个血缘亲缘为基础的熟人社会，村内人际关系交错复杂，面对有限的政策资源，利用熟人、家属进行讨要的行为便逐渐成为一种常态，由此引发各种政策执行乱象。在此环境背景中，要开展培训活动，帮助村干部形成正确的权力观、价值观，在主观情感上正确理解和调节权力与人类感情之间的关系。必须提升村干部的政治素养，对其进行意识形态教育，加强其政治意识和政治理论水平的学习，锻炼其分析、解决问题的能力和区分正确和错误的村庄人员行为的能力，并加强村干部的责任感，让其深刻认识到自己是由村民选举产生，应代表村民的利益，为实现村民福祉而服务。

1. 提升政策执行者的政治行为能力

基层干部是政策任务在基层社会推进实施的直接代理人，他们自身掌握的政策知识和个人行政能力直接影响其政策执行的成效。因此，基层行政人员的政治行为能力越强，其政策执行的效率越高，与之相应，其出现政策执行偏差的概率较低。由此可见，提高村干部理解政策的水平和执行能力是解决政策执行偏差的重要对策之一。首先，可以通过组织培训，提升村干部的政治觉悟、政策理解能力和专业知识、技能。加强村干部的政治教育，丰富村干部的理论知识，以提升其政治敏感度和对政策内涵的把握能力。其次，可以通过举办政策研讨会，共同学习政策理论，分析政策执行方法。村干部互相沟通交流，学习彼此政策执行中的经验教训，相互取长补短，共同进步。最后，可以通过人才引进、精英返乡、干部驻村等制度，引进具有较高政治行为能力和专业技能的人才，进村参与各项国家政策任务在乡村的推广实行。

2. 加强政策执行者的责任意识

在国家政治任务和决策的实际落实过程中，基层行政人员的能力及其态度是影响政策目标实现与否的重要变量。应加强对执行主体的责任意识教育，让村干部时刻牢记为人民服务的宗旨，真真切切为人民办实事。村干部对于农村人居环境整治政策的具体实施具有在一定范围内的自由裁量权，由此也导致村干部在农村环境整治政策的实施推进中可能出现受错误权力观、价值观的诱导，从中谋求私利的行为，从而引发环境整治政策无法落到实处，空耗财力的情况。为防止此类现象发生，首先应定期对村干部开展党员干部思想培训研讨活动，强化对村干部的责任教育，提升村干部勇于承担的思想道德水平。其次，引导村干部对优秀工作者的正面案例进行深入学习，领会精神，将职权来源于村民、为人民服务的认知根植于心，增强村干部的大局意识、整体观念、纪律观念和法治观念。最后，可以不定期举办优秀村干部的经验分享会，发挥党员的模范带头作用，相互学习政策执行的经验教训，共同提高。通过对基层干部行政道德意识的进一步培养，提高他们的自律精神，帮助其摒弃旧有的落后行政方式和传统思想中的糟粕部分，来规范其在实践中的行政行为。在此基础上，提高基层干部的责任感，发挥所长，为村民办实事。

3. 吸纳多元主体协同推进政策执行

作为政策执行末端的村干部承担大量上级政府和职能部门委托的政策任务，但其自身精力有限，因此，吸纳多元主体参与政策推进，有助于缓解村干部的政策压力，从而降低政策执行偏差的风险。一方面，提高村组长、村民对政策的了解和认同。政策对象对内容有所了解后，能够提升其配合政策实施的积极性，甚至带动政策针对群体参与政策的推进，从而进一步提升政治任务落实的效率，减少行为过程中的阻碍，减轻村干部的政策压力，削弱政策执行偏差的隐患。另一方面，积极吸纳社会组织或者是从事环境整治相关领域的专业人才加入到整治活动的推进中，提高整治行为的科学性。村干部自身对环境专业领域的了解有限，对于现实操作中出现的困境，难以给出科学有效的、合理合规的解决方案，在政策执行中可能存在决策错误的问题。通过广泛吸纳或咨询相关专业人才投入农村人居环境整治的行动，在舒缓村干部压力的同时，也能增强政治任务落实的专业性和高效性，大大降低政策执行偏差的概率。

（二）增强政策内容的科学性

1. 优化政策执行内容

农村人居环境整治政策是环境政策的必要环节，短期内虽然不如招商引资、产业建设等经济政策产生的效益显著，但对于保障农民的生活水平和农村社会的长远发展而言至关重要。在农村的政治生活中，想要优化人居环境整治政策的内容，首先应当引导政策执行主体转变自身的思想观念，不能唯绩效论，而是充分认识人居环境整治政策的重要地位。在该项国家政策的现实推进中，首先要帮助基层行政人员进行观念转变，引导教育其正确认识农村人居环境整治政策，改变其着力于"一线政策"，忽视环境政策的传统政策执行观念。由此推动基层行政人员科学配置政治资源，全面地解读政策内容，作出符合预期目标的执行行为决策。

2. 厘清政策执行范围

政策执行者拥有剩余权，在一定空间范围内可以自由行使权力，但同时政策执行者在行使剩余权时难免受到自身的教育水平、思想基础、生活环境等主客观因素的影响，在个人期望的指导下，通过剩余权来索取利益或政治追求；基层代理人在剩余权的基础上，对于具体的国家政策推进，可以自主选择采取何种方式、何种态度以及投入多少精力来执行该项政治任务；同时基层政策环境极为复杂，上级政府的委托人对基层代理人剩余权的规范不足，缺少切实可行的权力约束制度。在这种背景下,基层代理人的行为选择不可避免地会倾向于有利于自身利益的目标导向,剩余权由此可能在政治生活实践中出现权力膨胀现象。由于政策执行的对象、环境复杂多样,基层干部在执行公共政策的过程中,不可避免地使用剩余控制权,但行使剩余控制权的方式、目的是否满足政策的精神实质,在很大程度上影响政策执行者的形象和政策目标能否实现。因此,村干部在行使剩余权的过程中,要始终坚持贯彻政策目标的原则,同时根据政策实施的实际情况,灵活选择政策实施的内容、方式来对人居环境整治政策进行改进执行,从而更好地达成政策目标。

基于此,在农村人居环境整治的政策实践中,针对村干部的剩余控制权和剩余索取权,应构建较为完善的内部规章制度,建立管控体系对政策执行主体的行为进行约束,形成对剩余权的有效管控。首先,可在执行中采取多种行为方式并行的手法,提高政治任务执行的机动性,减少村干部行使裁量权时对政策执行产生影响。其次,通过透明化、公开化政策信息和执行信息,提升村民对村干部行政行为的监督能力,由此形成对村干部的约束,使其行使剩余权时仔细斟酌。其三,通过设立村干部自纠制度,督促村干部在政策执行中及时自我审查所作出的行政行为,看其是否可行与合理,一旦发现有偏离政策目标的不当行为,立即进行纠正。其四,完善政策执行的评估体系机制,尽可能客观、真实地评估政策行为,帮助村干部快速发现政策过程中的不当行为。最后,构建奖惩机制,根据评估结果,对政策执行者进行奖励或惩罚,将村干部扩张政策执行中剩余权的行为纳入惩罚机制。以此警醒村干部,如有不当政策执行行为会受到相应惩罚,且影响其个人形象,从而有助于提高村干部的责任感,约束自身行为。

(三)建立健全政策执行机制

1. 建立健全政策监督机制

在农村社会实行国家政策的过程中,搭建切实可行的监督机制,强化监督体系职能,提升政策执行活动的透明度;加强内外监督结合,落实和完善各项社会监督制度,使政策的落实更加公平有效进行,达成改善乡村人民生活环境质量的目标,建设美好乡村,促进社会发展。

首先,乡镇政府向村级组织下发政策任务,同时乡镇政府也是监督村干部落实相应政治任务的上级机构。乡镇政府要充分发挥自身监督村干部落实政策任务的作用,以保障政治任务在乡村切实推进开展。其次,充分发挥农村监督组织的作用,在政策任务实施中积极行使自身职能,从而减少任务落实中出现偏差现象。最后,强化村民对政策的监督积极性。人居环境整治政策的受众群体是村民,人居环境水平与农民群体的生产生活息息相关,影响其身心健康水平,农村环境整治政策执行行为符合程序规定与否,不仅影响预期的目标达成状况,而且与村民的政策利益获得息息相关。同时,村民是政策执行的目标受众,切身处于政策执行过程中,了解政策执行主体采取的政策执行行为。因此,健全政策执行的监督体系要求培养村民的主体意识和监督意识,引导村民认识和自主行使自己的监督权,关注自身的权利,了解国家政策。

鼓励第三方机构参与对乡村社会政策执行情况的监督,从专业化和现代化的角度,作为利益无关者来客观反映政策执行中存在的漏洞与不足。第一要加强新兴媒体对乡村政策推进情况的监督。当今时代信息化发展迅速,广大媒体的信息公开透明,具有高时效性,同时政府和群众都能快速接收信息。通过媒体,一方面有助于推广普及农村人居环境整治政策的内容和精神,另一方面能加强群众对该项政策具体推进进度和举措的了解,从而进一步保障各方群众的知情权,在此基础上达成对人居环境整治政策推进行为的有效监督。借助新闻媒体,对人居环境整治政策执行进行监管,营造严格行政、规范行政的良好氛围。第二要健全群众监督奖励机制,鼓励村民对于违法违规情况进行监督检举,查明检举的情况属实即给予村民一定奖励,以此来进一步激发村民的主体意识和监督意识,发挥自身主体监督作用。

2. 建立健全激励机制

建立健全政策执行的激励机制,有助于提高村干部的工作积极性。切实有效的激励体制,不仅可以鼓励村委干部在政策执行中依照政策的精神实质行事,同时也能提高村干部在政策执行过程中的积极性和工作效率。

在现实的政治生活中,有两种情况:一是村干部不执行一项政治任务的成本远低于其执行这项政治任务出现错误的成本,此时村干部宁愿选择不执行这项政治任务。二是村干部在执行一项任务出现问题后受到的惩罚极小,而其扭曲执行这项政策后能给其带来巨大的利益,这时村干部倾向于接受处罚以换取更大的个人利益。因此,有必要加强对那些没有执行政策的人的追究。同时,在村干部行政行为出现不当,且对村民、村集体或国家造成损害时,应加强对其的行政追责,必要时追究其法律责任。通过完善健全对基层行政中不当行为的惩处机制,提高村干部选择政策执行偏差行为的成本,减少乃至避免其政策执行偏差行为的出现;必须健全和完善政策执行的责任追究制度,追究基层行政人员的错误行为,提高干部的执政道德;要严格按照已制定的考核制度对村干部的政策实施行为进行考核;应当强化政策执行中的首长负责制、目标责任制、岗位责任制、党风廉政建设责任制等制度,帮助政策执行者增强风险意识和责任意识,以期提升其公共政策执行效率。

政策的委托人和政治任务的代理人之间的利益诉求相互矛盾是偏差的根源。因此,为了有效推行政治任务,要对政治任务的代理人有足够的激励机制,考虑其正当的诉求。当某一国家政策在具体的执行过程中,配有完善的奖励机制,符合基层代理人的利益需求,有利于提升代理人推进政治任务的积极性,使其保持向上的工作热情,从而提高其工作的效率。在政策制定前,要加强政策制定者与政策执行者的沟通交流,在政策的制定阶段将其在当地推行的可行性纳入考虑范围。关注村干部在人居环境整治政策推行的过程中遇到的现实问题,及时给予政策帮助和技术支持;对政策落实中的资源损耗,给予充分且及时的补偿。在国家政策执行过程中,通过配置相应的剩余索取权以提高制度激励效果,以绩效为衡量标准,健全完备的激励机制,对优秀的基层干部给予表彰的同时,还应对其进行实际的奖励,可通过给予物质奖励、绩效奖励或者是晋升等方面的奖励,进一步提高其工作的积极性。村干部由此对自身前途有所期望,这成为其日常工作中积极进取的动力,可在一定程度上降低政策执行偏差发生的概率。同时,要平衡不同政策任务的激励强度,在一定程度上弱化绩效易测任务的激励强度,强化绩效不易测任务的激励强度,以减少政策执行者的任务执行偏向。

3. 建立健全信息沟通反馈机制

信息的不对称性为村干部的消极执行和错误执行创造可能性,因此要通过减少信息不通畅现象来约束村干部的不当行为。信息是重要的政策资源,顺畅的信息交流渠道有助于推动公共政策有效实现。而农村人居环境整治政策是通过自上而下的层层传递,向下委托给村级组织执行的一项公共政策,在政策传递过程中,从委托人到最终代理人的信息传递通道能否畅通使用,直接对该项政策内容、目标和精神传达基层的有效性和完整性产生影响。同时,除政府机构内部的信息传递外,最终代理人村干部在政治实践中,需要将关于此项政策任务的内容向农民传递,行政人员到农民群众间的传播渠道是否多样、通畅,一方面影响村民对环境整治政策的认知,另一方面则影响村民对于该政策执行情况的意见反馈。因此,建立信息渠道不仅仅只是保障不同层级的政府机构间的通信渠道,也要建立起广大群众与上级监督部门之间有效沟通的平台。良好的沟通机制有助于打破村干部的信息垄断,建立规范化、制度化、法治化的政策执行公开制度。政府可以搭建实体和网络的信息交流平台,加强基层政策行为主体和村民群众之间的沟通交流,保持二者间的有效互动。通过基层政策行为主体和政策对象间的交流和反馈,有助于加强乡村政治生活的主体活力,提高政府在民众心中的公信力,督促基层干部的执政行为,从而提高政策执行效率。在政治任务的推进过程中,做好宣传推广工作,让目标群体了解政策的内容和精神,理解所采取政策举措的含义和总体实施方向,不仅能够提高作为执行对象的村民群体对政策的了解和认同,同时也可以帮助村民、上级政府和广大社会成员对此政策实施的具体情况进行监督和帮助。

村民是农村人居环境整治政策针对的目标群体,是该项政策的切实受益人,他们身处农村,最有资格对此项政策的执行状况作出评判,村民的意见和感受真实反映出政策推进的质量水平。在此背景下,通过建立健全农民的信息反馈渠道,有助于帮助上级政府和基层执行者迅速发现政治实践中不同阶段发生的问题和存在的缺漏,从而指导基层代理人据此进行适时矫正,保障政策目标的切实达成,避免农村人居环境整治政策在执行过程中出现偏差。

建立政策执行的反馈机制,一方面,可由村干部长期收集村民的意见,定期整理反馈信息,发现政治实践中的不足;另一方面,可设立群众意见来访信箱,及时了解村民对当地政治任务推进行为措施的感受,改善自身问题。在此基础上,村干部应当在与村民的日常交流沟通中,深入了解村民对政策的意见、感受,并以此为参考,发现自身在该项政策实践中的问题,根据村民的现实需求对自身的行为方式和内容作出及时有效的调整,以此来减少基层代理人在政策执行中的困难和障碍,提高自身的工作效率,更好地做基层行政工作,落实各项国家政策,服务广大农民群众。

六、结论与思考

农村人居环境整治是重大的社会民生工程项目,是乡村振兴的重要环节,是农村建设的工作重点之一。从当前的政策施行情况来看,人居环境的改善已初见成效,但农村人居环境的总体状况与城镇人居环境相比仍存在着较大差距。基于此背景，笔者在对滁州市山林村进行实地调研的过程中，对山林村的人居环境改善工作进行考察了解，发现该政策在基层推进中存在执行偏差的问题，影响政治行为的实效，为此本章对此问题展开剖析讨论，从现实案例出发，寻找农村人居环境整治政策出现执行偏差的原因。

本章研究以多任务委托代理理论为理论基础，意图扩充相关领域的研究内容。随着山林村政策工作的开展，当地的人居环境得到显著提升，文章从人居环境整治政策的委托代理结构、委托代理关系的主体和现行的基层农村激励机制等方面进行阐述，深刻介绍山林村人居环境整治政策的推进中执行产生偏差的背景。我国的政策推行，一般依照中央政府制定政策，将任务委托给中间层级的政府机构，由中间层级政府对任务进行细化并逐级向下委托，末端环节的最终代理人为基层行政人员，由他们切实落实政治任务。就本章研究而言，最终代理人即为村干部。在我国的乡村政治实践中，作为最终代理人的村干部面对上级的多任务委托，即其在同一时间内身上承担的政策任务并非单一的，而是多任务并行，压力繁重。由此，在农村社会真实的政治生活中，村干部的主观能力和其掌握的客观治理资源皆有限，难以满足多项任务同时期全力推进的需求，因此村干部在面对现实的任务执行情境时，会权衡不同政策任务的利弊，出于其自身绩效考核需要和避责倾向，对各项政策进行重要性排序，得出行事便利和对个人利益最有利的行为方案，并以此为据对投入不同任务中的时间、精力、财力等资源进行分配。在此背景下，环境政策往往不会被置于首要地位，基层的政策资源通常会向经济、土地等可带来明显效益和成绩的政策倾斜。在此之外，我国农村长期存在"运动式治理"的模式，在现实的治理生活中，当一项政策被划为当地阶段性的重点工作任务后，基层行政人员会在短期内对此项政策投入较多的人力、物力、财力等政策资源。"运动"取得暂时成效、度过推进的高潮阶段后，政策由短期集中的工作转向长期性的常态化工作，村干部对其的重视程度大幅下滑,投入的精力随之减少,原有执行的方式和效果难以持续维持,且可能因先前行为与后续推进的政策任务间存在冲突,导致先前的政策执行效果被减弱乃至抵消。

在此背景之下,山林村环境整治的政策执行出现偏差,进而导致当地该政策任务的具体实施偏离原定的目标。通过对案例进行分析探讨,认为在改善村民生产生活环境的实践中村干部的具体执行举措发生不当现象,具体特征表现在选择性执行、象征性执行、机械式执行等偏差出现。基于此现象,本章结合多任务委托代理理论的内容,展开进一步探索,探析此情境的成因。

一方面,村干部作为农村人居环境整治政策的最终代理人,其行为选择直接影响此项政策的推广实践和现实成效。首先,村干部本身存在自利性思维,由此可能产生逐利行为,导致其实践中的政治行为与上级政府委托人的初始政策目标和精神发生背离,无法达到预期效果,即村干部的执行行为面临着道德风险。其次,村干部的执政能力和政治素养有限,影响自身对于政策的理解,同时其完成委托任务的行为方式与路径受限于自身能力和身处的具体社会政治环境。再者,基层实践中对村干部的激励制度尚未完善,村干部行为的主动性不足,在政治生活中不求有功但求无过。最后,村干部的责任意识有待进一步加强。在乡村的政治生活实践中,村干部自身会受到趋利避害思考模式影响,对上级委托人交付的多政治任务进行区分,在政治行为中对任务进行挑选,采取象征实施、消极应付等举措来逃避责任、提高绩效。由此,执行偏差出现。

另一方面,在我国政府的层级结构下,多任务委托代理过程中的政策信息经过多环节的传递,在信息链条中难免出现问题,基层的监督反馈机制不完善。首先,委托人与代理人之间掌握的信息不对等,代理人与政策对象群体之间的信息不对等。委托人制定的政策任务层层向下委托,不断细分具体化,传递至最终代理人前,受到多环节、多机构的影响和规范。同时,基层的实践中执行的具体信息由最终代理人村干部掌握,基层信息的反馈路径和平台有限,主要靠代理人的汇报上传,上级政府委托人面对层层上传的信息,难以根据现实执行情况对政策作出及时调整;执行的现实信息也存在误报、瞒报的可能性。此外,信息流通路径不通畅,政策目标群体难以及时接收到上级准确的政策信息;反馈机制不健全,导致政策目标群体对政策执行情况的监督受限。这些就为执行偏差的存在提供了可能性。

本章通过对山林村个案的分析研究,将偏差的成因总结为以下三点:首先,政策执行中存在冲突。冲突包含两方面内容,一方面在于多任务委托代理的主体间存在目标诉求不同的冲突;另一方面是不同的任务间可能存在资源配置等方面的冲突。其次,多任务委托代理的主体间信息交流不足。委托人和代理人在任务信息的掌握上各有偏重,二者间信息传递要经过多环节链条,不对等现象难以避免。同时任务针对的目标群体缺乏相应的信息反馈平台和路径,不能有效给出切身感受,表达自身诉求。最后,对于基层代理人的激励机制不健全。基层缺乏激励,影响村干部实施委托任务时的内在动力。由于对政策执行后的利益预期较低,其在具体行为选择上更易受到其他因素干扰,目标容易产生偏离现象。

针对偏差成因,提出矫正执行偏差的措施如下:建立健全政策执行机制;增强政策内容的科学性;提高政策执行者的综合素质。本章意图为执行偏差研究贡献绵薄之力,并以此出发,进一步提升当地的农村人居环境整治的政策执行质量,更好地推动农村人居环境整治政策的落实,为乡村振兴战略的实施添砖加瓦。

第五章 再造乡愁：乡村建设中侨界新生代参与行动的生成逻辑

乡村建设一直是我国建设发展过程中的重要议题，新时代下的乡村建设，更有其新内涵、新发展和新要求。在乡村振兴战略实施中推动乡村建设，亟需新生力量参与。侨界新生代作为新生力量之一，其侨情资源与侨务优势，可为乡村建设注入独特的侨界力量，进而推动乡村的全面振兴。

本章以"再造乡愁"为主题，基于对广东省中山市圣狮村的实地调查，探讨侨界新生代参与乡村建设的行动过程，展现其"认同—参与"结构下的行为逻辑，剖析在"再造乡愁"影响下，侨界新生代参与乡村建设与乡愁观念双向循环互构的关系。

一、背景与意义

（一）背景

在党的十九大报告中，习近平总书记明确提出实施乡村振兴战略，并对"三农"工作作出整体性把握与部署。党的十九届五中全会，则更为具体地提出要优先发展农业农村，全面推进乡村振兴，在此基础上，首次提出实施"乡村建设行动"，并将乡村建设作为"十四五"时期"三农"工作的着力点。立足世纪疫情和百年变局的时代背景，中共中央、国务院作出了《关于做好二〇二二年全面推进乡村振兴重点工作的意见》，意见中强调："扎实有序做好乡村发展、乡村建设、乡村治理重点工作，推动乡村振兴取得新进展、农业农村现代化迈出新步伐"①。在新时代下，我国实施乡村振兴战略的主抓手是乡村建设，而这也是助推我国现代化建设进程中的核心部分，对乡村这一阵地进行建设，有利于构建农村新发展格局，更有利于激发农村发展的内在潜力。

要在新时代实施并推进乡村建设，已不能简单复制或照搬照抄以往的乡村建设经验，而是要在乡村振兴的战略下，牢牢把握乡村建设的基本规律及明确农民行动主体的地位，全方位、多维度、深层次地推动乡村建设落地提速。然而，重视农民行动主体地位，决不是要排除其他主体的参与，而是要在尊重农民主体地位的前提下，构建一个共建、共治、共享的乡村治理格局，从而推动多元主体的共同参与，以此凝聚强大合力，推动乡村振兴。随着我国现代化进程的加快，社会上各类新生群体不断涌现，使得各群体间的差异性、复杂性与多变性不断增强，亦由此改变了农村的社会结构，重塑了农村的社会样态。可见，把握不同新生群体的特征，激活其自主性、能动性与创造性，对于推动现代乡村建设，具有重要意义。

与此同时，侨界群众作为中华民族的重要资源宝库，其在我国革命、建设与改革的过程中，或多或少地作出了重要贡献、发挥了独特作用，更是当前推动实现中国梦的重要力量。广东省作为全球著名的侨乡，其乡村在发展、建设和治理的过程中，不仅获得了党和政府的全面支持，更充分发挥了侨界群众的力量。随着侨界社会新老结构的变化，如何最大限

---

① 《中共中央 国务院关于做好二〇二二年全面推进乡村振兴重点工作的意见》，《人民日报》2022年2月23日。

度地将侨界群众尤其是侨界新生代凝合起来,充分调动其积极性,合理利用其独特优势,对于推动现代乡村建设,亦具有重要意义。

　　本章选取的研究对象是广东省中山市沙溪镇圣狮村。选取该村作为研究对象的原因主要有以下三点:一是该村历史悠久,乡村建设颇具成效。据记载,其建村至今已有 600 多年的历史,曾先后被评为全国敬老模范村、省宜居示范村庄、中山市美丽城乡精品村、省侨界人文社区、珠三角最美乡村等,获多项集体荣誉,乡村建设经验丰富。二是其为著名侨乡,侨史侨情底蕴丰厚。不仅有从民国流传至今的侨捐建筑与项目,还有如孙中山卫士长阮汉三、牛痘疫苗创始人彭华利等一大批爱国爱乡的华侨与归侨,更有当前在侨领中担任要职的众多侨界新生代。三是该村不断调整推动新生代参与乡村建设的措施与活动,形成较好的示范效应,为探讨新生代参与乡村建设提供很好的基础。因此,本章基于圣狮村乡村建设的本土实践,阐述其推动侨界新生代参与乡村建设的路径,以期探讨出侨界新生代参与行动的生成逻辑。

(二) 意义

　　侨界新生代作为新生力量,其在侨乡发展、建设与治理的过程中,具有无可比拟的优越性,相较于当前有关新生群体参与乡村建设的研究,侨界新生代这一群体的参与研究仍显不足,尤其是有关其参与行动的理论和实践研究。本章以圣狮村推动侨界新生代参与乡村建设这一过程入手,分析推动侨界新生代参与行动生成的关键因素及主要方式,即乡愁与再造乡愁,并在此基础上探讨侨界新生代参与行动的生成逻辑。因此,本章具有理论与现实的双重意义:

　　一是理论意义。自习近平总书记提出"记得住乡愁"后,"乡愁"逐渐成为学界的一个综合性议题,并在多学科的探讨与研究下,逐步得到发展,但就其理论内涵而言,至今仍未得到充分挖掘。本章大篇幅阐述圣狮村通过"再造乡愁"这一方式,推动侨界新生代参与乡村建设的过程,由此探讨出一条侨界新生代参与行动生成的解释路径,在一定程度上对乡愁理论有推进价值:第一,拓宽了乡愁的研究视角,即从再造乡愁入手,对其推动侨界新生代参与乡村建设的作用进行了研究;第二,拓宽了乡愁的微观机制研究,即以乡愁为基点,探讨其内在机理,以此探究侨界新生代参与行动的生成逻辑。

二是现实意义。2022年中央一号文件指出,"因地制宜,有力有序推进乡村建设"[1]。简而言之,即在乡村建设和发展的过程中,要保持其自身特色,不可过于同质化或模板化。对于侨乡而言,本土文化为其自身特色,海内外华侨华人则为其重要参与主体。因此,本章试图探讨乡村建设中,侨界新生代这一新生群体参与行动的生成逻辑,以期探索出推动侨界新生代参与乡村建设的路径。这对于促进侨界新生代乃至新生群体参与乡村建设,使之发挥更为主动与高效的作用,推动侨乡的建设与发展,具有重要的现实意义。

二、个案介绍

(一) 地区背景

处于广东省中山市西部的沙溪镇,是珠三角地区闻名中外的古镇,亦称隆都。沙溪镇辖区户籍人口约6.1万,下设1个居委会和15个行政村,其总面积共计55平方公里。在这小小的一方土地上,却孕育着悠久浓厚的历史,接纳了多元纷繁的文化,更有着曾出生或成长于此的8.1万名海外侨胞及港澳台同胞,因此,这里也被称为华侨之乡。纵观沙溪镇的发展史,其不仅是一部海洋文化的发展史,更是近代粤人的移民史,

---

[1]《中共中央 国务院关于做好二〇二二年全面推进乡村振兴重点工作的意见》,《人民日报》2022年2月23日。

同时也展现了珠三角早期中外文化交流的历史脉络。沙溪镇地处粤、闽、客方言并存区,多元文化的滋养与便利交通的推动极大地促进了本地商业贸易的快速发展,买办文化、留学文化、商业文化、侨乡文化等在此处大放异彩。因此,在这多元移民文化的影响下、得天独厚的自然环境的促进下,沙溪镇积淀了浓厚且独具特色的民俗文化及地域资源,亦称隆都文化。

隆都文化的地域特色,首先体现在语言交际上,隆都话作为闽南语的一个分支,其与广东粤方言的差异体现其"移民"特色。其次体现在文化特征上,隆都文化来源于不同地区移民的亲缘、血缘和原居住地,其与隆都原生态文化的结合所衍生的神话传说、神道信仰、礼仪习俗等,形成了隆都地域有别于其他地区的农耕文化特色。再者体现在域外文化结合上。隆都并不是一个闭塞的地方,隆都人出洋旅居外国比较早,康熙《香山县志》记载:"方士彦,濠涌人。万历四十八年任大同宣府经历,有治声,奉使外国称职。"此隆都濠涌村的方士彦,是目前所知的有文字记载的第一个出洋的香山人,明万历四十八年即公元 1620 年,距现在 400 多年。此后,陆续有隆都人出洋。他们与外国资本主义世界化萌芽阶段的生产和生活方式接触,回故乡被称为"金山客"。"金山客"带回来的外来文化,或多或少在思想观念、行为处事、语言词汇、礼仪习俗等方面对隆都文化产生着影响。移民带来的中原文化和本土原生态文化结合之后,再加上域外文化的掺和,兼收并蓄、开放包容的隆都地域文化便形成了。

作为中山市重点建设和发展的侨乡,沙溪镇的旅外乡亲素有中华民族互相帮助、艰苦奋斗、反哺乡梓、爱国爱乡的优良传统,他们在 20 世纪二三十年代至今,一直为家乡的医疗、卫生、文化、教育、经济等事业作出贡献。发展至今,沙溪镇独特的侨乡文化一直在国外享有盛誉,也引起各国华侨学者的关注。沙溪镇依托独特的方言与民俗文化,在强聚合力的组织下,使得新一代的旅外乡亲,即使身在异国他乡,仍然思乡念祖,也推动其为家乡出资出力,扶贫济困,回乡创业,从而对沙溪的发展起到了巨大推动作用。

(二)村庄概述

坐落于中山市沙溪镇西北部的圣狮村,辖区常住人口约 4400 人,辖区总面积达 370 万平方米,据《圣狮风采》一书记载,圣狮村最早可追溯到唐末,因其坐落于古海湾圣狮湾内,便以"圣狮"作为村名,并沿用到现在,其亦是中山市历史最悠久的村落之一。近百年来,有 4500 多名同胞旅居国外及港澳台地区,因而,圣狮村亦是中山著名的侨乡之一,丰富的侨胞资源为圣狮村的乡村建设提供了极为重要的动力。

圣狮村现有耕地面积约 310 万平方米,辖区内以稻谷、塘鱼为主要经济作物,水果、蔬菜为次生经济作物,村办企业有制衣、制鞋、机械制砖等工厂多家;除圣狮市场、三鸟市场外,村内百货、五金、服务、运输等各行业齐全,并建有社区服务中心、卫生站、圣狮幼儿园、圣狮小学、公益园、艺习武社、曲艺社等;民间传统艺术源远流长,有舞柴龙、金龙、凤、狮子的习俗,于每年"四月八"及春节,联合象角村举办巡游活动;自然与历史文化古迹交相辉映,除狮山古海遗迹外,更有以历史文化古迹闻名的烽火台遗址、古庙洪圣殿、百岁牌坊以及建于民国的团益公会等,其中,团益公会为中山市最早由华侨捐赠的建筑物与慈善福利机构。

2012 年,广东省侨联启动创建"侨界人文社区(乡村)"活动,中山市侨联积极响应,大力推广并成功创建了广东省 22 个"侨界人文社区",其中,中山市是全省侨界人文社区创建最多的地级市代表。在 2017 年 6 月,圣狮村凭借"四月八"文化项目,成功打响了"广东省侨界人文社区"这一精品文化品牌,并完成相关验收工作。圣狮村通过"五有"的工作方式,即有组织、有队伍、有经费、有阵地、有活动,以此推进侨胞之家的建设工作,并在 2020 年 9 月正式挂牌成立;2020 年 12 月,市侨联在基本实现村级侨胞之家全覆盖的基础上,发扬"敢闯敢试、敢为人先"的改革精神,在"五有"基础上,按照"九优"的标准,打造记得住乡愁、留得住侨心的"星级"侨胞之家。① 圣狮村作为中山乃至全省首批授牌的星级侨胞之家,通过弘扬村内的创新工作作风,充分起用年轻力量,借助现代科技手段,依托线上、线下双向推动,做好侨文化的传承与创新工作,建设"载体最创新"的侨胞之家,不仅落实了中国侨联和省侨联关于加强基层侨联组织建设的具体举措,也推动了侨胞之家建设的有益探索,为全省侨胞之家的建设创造了新鲜经验。

三、认同性缺位:再造乡愁的动因

(一)乡愁底色:认同动力要素

乡愁作为一种特殊的文化,其本身具有文化的凝聚作用和归属作用。与文化亦类似,乡愁的认同作用具有内在驱动力,倘若这类动力不足,会难以推动个体参与行动的形成。由此,尝试对乡愁内含的文化认同要素从以下两个方面进行解释:

1. 乡愁具有文化意蕴

乡愁是家乡情感、价值理念与乡土记忆的集中表达,蕴涵着深刻的传统文化基因。乡愁源于地方文脉,有着物质和精神的双重载体。② 乡愁在中国最早以文学视角出现,最直观显现在古典时期的文学艺术作品

---

① "星级"侨胞之家是市侨联深入贯彻《广东省侨联贯彻〈关于新时代加强基层侨联建设的指导意见〉实施办法》文件精神,凸显"侨创南粤、情系南粤、风韵南粤、侨爱南粤"特色工作,在现有的 24 个镇街的侨胞之家中,发掘、推荐基础好、热情高,人文资源、侨务资源丰富的 8 个侨胞之家,按照侨韵、侨建、侨史、侨箐、侨法、侨书、侨爱、侨干"九个优"标准,建设打造成"记得住乡愁、留得住侨心"的侨胞之家,成为以侨为桥、以文化人,彰显"四个南粤"的基层侨联阵地建设示范窗口,积极探索一条创新基层侨联阵地建设的中山特色之路。
② 刘淑兰:《文化自信视阈下乡愁重构的困境及制度设计》,《科学社会主义》2018 年第 4 期。

中,因而大多数学者将乡愁看作一种文化研究①。可见,乡愁在被运用之初,便带有文化意蕴,其或是一种文化感受,或是一种文化依恋,又或是一种文化精神。

在 2017 年 2 月,中共中央办公厅、国务院办公厅联合印发《关于实施中华优秀传统文化传承发展工程的意见》,提出要"挖掘和保护乡土文化资源。建设新乡贤文化,培育和扶持乡村文化骨干,提升乡土文化内涵,形成良性乡村文化生态,让子孙后代记得住乡愁"②。乡愁一词,开始带有时代内涵,超越单向度的文化意蕴,转向解构出较为丰富的文化层次与内涵:从对中国精致文化传统的留恋,③逐渐转向对现今文化状态的关注和焦虑,前者是有乡可愁,后者是无乡之愁。因此,必须利用好乡愁的文化意蕴,用于营造可安放"乡愁"的物质空间与构建可承载精神的"乡",从而借助乡愁的文化意蕴,重新修复或建立侨界新生代间的社会联结。正如圣狮村现任侨联主席所说:"他们说侨胞之家只针对侨胞,我并不认同这个观点,我认为更重要的是全覆盖。尤其是村里的小朋友,让他们从小就了解侨文化,说不定哪一天他就出国了,移民去其他地方了,那他本身知道村里的侨文化,知道有这样一个文化,对于他自己乃至第二代也会有一定的影响作用。同时,侨胞确实是村里的一个组成部分,对乡村的发展也确实起到了很大的作用,当然也要让年轻一辈了解这个情况,并且学习这种侨文化。"(LJY20211014RJC)

2.文化内含动力机制

文化这一软实力本就具有持久性的动力特征,民族精神、传统文化、意识形态等也都蕴含着深切而又厚重的力量。在当前全球化的发展态

---

① 赵李娜:《中国乡愁文化的历史脉络与现实依归》,《云南师范大学学报(哲学社会科学版)》2019 年第 3 期。

② 中共中央办公厅、国务院办公厅印发:《关于实施中华优秀传统文化传承发展工程的意见》,《中国博物馆通讯》2017 年第 2 期。

③ 董桥:《乡愁的理念》,生活·读书·新知三联书店 1991 年版,第 1 页。

势中,文化也越来越成为推动国家、民族与社会发展的重要力量,习近平总书记曾说过:"文化是人类发展和社会进步的动力。"乡愁作为特殊的文化,其具有的文化意蕴,本身亦带有积极的动力作用,能推动离乡主体将积极的意识转化为自觉的行动,通过发挥自身的主观能动性,形成参与乡村建设的合力。"所以做侨胞工作,重要的是能联系到新生代,并做好意识形态工作。对于侨二代、侨三代或者更远的,因为距离、文化等各个方面的原因,他们忘记了家乡,与家乡失去了联系,导致我们能联系的人有限,这是我们当前工作的难点与痛点,包括我们现在有 4000 多人在海外,但是我能联系得到的也只有 700—800 人。因而通过互联网等各种平台,传播本村优秀传统文化,对于吸引新生代返乡,具有十分重要的作用。"(LJY20211014RJC)

与此同时,乡愁所具有的文化意蕴,于侨界新生代而言,在祖籍文化与在地文化场域间,带有隐性的博弈,这亦是文化所内含的动力机制,其文化内核带有的意识形态性,是民族与国家的内聚力。因此,着力提升本土文化吸引力,塑造魅力型的祖籍文化,能使积淀深厚的优秀传统文化与新的文化价值观念融合,使侨界新生代从一个自在自发的主体转向一个自动自觉的主体。"今年 6 月份时,市侨联引进了一位专门做中文推广的西班牙老师到圣狮村进行走访,他当时拍了很多视频,通过国外网络这一渠道将我们本土的文化推广出去,也将国内正能量的信息传达出去,我们是很认同和鼓励这种行为的。因为现在很多国外网站,完全扭曲了我们的价值观,我们本身的文化输出,完全覆盖不到侨三代与侨四代,他们也完全被西方的意识形态所控制了,这就成了当前我们工作的痛点,即难以有效吸引新生代的侨心。"(LJY20211014RJC)

此外,乡愁的文化动力具有持续有效性和强力渗透性,能推动侨界新生代成为乡村文化的传承者甚至是国家富强与民族振兴的助推者。因此,在新时代、新征程的发展过程中,要善于利用好乡愁这一文化要素,并将其与时代需求和时代特色相结合,使得侨界新生代在乡愁中加强对家乡的认识、提升对家国的认同,由此积极主动地与家乡建立起和谐稳固的关系,从而提高其在家乡建设方面的参与度。

(二)乡愁缺失:参与动力不足

相较于"海外华侨华人",中山人更喜欢使用"旅外乡亲"一词,这也反映了中山人的精神气质与文化品格:"乡亲"一词重视本乡本土,亦强调亲情乡情,是地缘和血缘关系的一种再生性表达,"旅外乡亲"则是乡情的一种延伸与拓展,更是本土文化的一种传承与创造。与此同时,侨界群众不仅是中山社会建设的新生力量,也是弘扬中山文化的有生力量,①其在各个历史时期,为祖国的发展与家乡的建设,作出过宝贵的贡献。而圣狮村旅外乡亲众多,主要分布在香港、澳门、新加坡、美国、加拿大、澳大利亚、斐济、秘鲁、哥斯达黎加等20多个国家和地区,华侨、港澳台同胞达4500多人。

1.代际差异致乡愁缺位

老一代华侨华人由于在乡村本土出生与成长,对故乡自然环境、生活方式、价值观念等家乡印记有着强烈的依赖,因而对故乡有着格外深沉的情感与认同。这类天然而又割舍不断的感情,使得他们一直与故乡有着十分密切的联系,对家乡的建设与发展提供了大力支持和帮助,如投资兴办各类工商企业,捐资兴办公益慈善事业等,这些也都为圣狮村的发展作出了重要贡献。"在圣狮村以前的发展中,老一辈的华人华侨经常是全员行动参与到家乡的建设中,他们或是因为对家乡亲友的想念,或是因为对家乡发展的挂念,他们中有以个人名义,也有以夫妻名义、家族名义、同乡会名义等等,对家乡的建设与发展提供资金上的支

---

① 申群喜:《重视激活侨界资源在社会治理中的积极作用》,《中山日报》2016年5月9日。

持,当时时常会听说这里有开幕仪式,那里也有奠基活动,十分热闹。虽然他们中有富商甚至是大富商的参与,但更多的只是普通生活条件的海外务工者,推动他们支持和参与家乡建设与发展的,更多的是心里的那一份情感。"(LJY20210714LZ)

与老一代不同,侨界新生代大多从小在侨居国长大,在其成长过程中,不断受到当地的社会环境、体制机制、文化教育等一系列的影响,尽管有家庭影响的因素存在,但与老一代相比,他们对家乡的认识和情感已经发生了较大的变化,甚至对居住地的熟悉度远超家乡。家乡情怀被淡化、文化体验被动摇、认同观念被模糊,使得其对家乡认知较少、对家乡情感较为疏远,乡愁之情也因此在很大程度上被消解,使得乡愁有"断层"之虞。"对于大多数新生代来说,如果他们从来没有回过家乡,或者是没有听过家乡的故事,那他们的记忆里几乎就没有'乡愁',也因此很难回到这籍贯意义上的故乡。这样的故乡,就变成了爸爸妈妈口中的故乡,对他们来说,这是属于爸爸妈妈一辈的故乡,而不是自己的故乡,但如果家里一代、二代有常回家乡、常讲述家乡的概念,那他的第三代、第四代绝对能将这种情感流传下去。"(LJY20210714LZ)

2. 认同多元化致乡愁错位

对于跨地域甚至是跨国的主体来说,其对于"乡"的认识受到多种因素的影响,因乡而生的"愁",更是在这多种因素的交互作用下产生,甚至影响他们对于"乡"的认同。于侨界新生代而言更甚,具体来说,影响其对"乡"的认识乃至影响其认同的因素主要有以下三类:第一类,侨居国社会文化的影响。不同国家之间的自然环境和社会环境塑造了不同的精神文化,这些社会文化会随着社会的发展而不断传承,影响一代又一代在这生活与成长的人,在社会文化的渗透影响下,人们的精神和行为都会受到这种在地文化的影响,这也是侨界新生代的"乡"乃至认同发生偏移的重要原因之一。第二类,侨居国意识形态的影响。在世界文化多元化的时代背景下，侨界新生代受到侨居地主流社会的阶梯教育、各类政治经济与文化政策以及具有意识形态偏向的大众媒体等的影响，①在潜移默化下接受其意识形态作用，使得他们对在地文化的认同不断增强，从而影响对祖籍文化的认同，在一定程度上加剧了侨界新生代的"乡"乃至认同发生偏移。第三类，祖籍国文化传播的影响。近年来，随着我国综合国力的不断增强，国际地位的不断提升，中国的文化逐渐被各国人民认可，并在全球范围内得到传播，在这种情境下，侨界新生代的认同形成多种形式并存的状态，即既有在地文化认同，又有祖籍文化认同，乡愁意蕴大大减少。在这三类因素影响下，侨界新生代的认同多元化，而由此而生的乡愁，亦有所不同。

随着时代的发展，老一代华侨华人逐渐退出历史舞台，侨界新生代接替而上，开始并逐渐成为侨界社会的主力军。相较于父辈，大多数侨界新生代"根"的观念意识淡薄，尽管受到家庭潜移默化与父辈有意识言传身教的影响，但由于其在侨居国长大，教育水平、职业发展等普遍高于老一代，使得侨界新生代能较快实现向上流动，从而影响他们的认同，甚至使之与父辈截然不同。村党委委员与纪委书记在调研中谈道："2018年时，有一个加拿大籍的侨四代回到圣狮来，她太爷爷的家也还保留在村里，但她完全不懂说中文，所以她回来的时候还带了一个翻译。她回来走访以前，是完全没有家乡概念的，因为她从出生到现在都没有回来过，一直在侨居国学习与成长，对家乡的认识亦比较片面。但通过那次回来走访，她对家乡的认识便有了改观，对乡村有了新的认识，所以要有一个机会促成沟通、交流，才能更好地推动新生代回乡。"（LJY20211014RJC）

---

① 董丽云：《建构与博弈：海外华裔新生代文化认同的场域化形塑》，《世界民族》2016年第2期。

(三) 小结

对于海外华侨华人而言,融入异国他乡的生活环境远比融入其文化语境要简单得多,文化语境上的融入更为缓慢且艰难,而这类物质和文化之间的脱节又会使得他们在这个过程中产生强烈的乡愁,亦由此产生强烈的祖籍文化认同,从而推动他们返乡参与建设。然而,对于侨界新生代而言,除了受到文化衰减这一代际影响外,侨居国的社会文化、意识形态等也都会影响他们对祖籍文化的认同,因而他们几乎没有乡愁这种概念。

与此同时,乡愁作为一种独特的软实力,其本身就具有文化意蕴与动力机制,能有效推动参与。在当前的社会发展中,乡愁这一特殊的文化要素已经对侨界新生代失去了吸引力,而对于以侨界群众作为社会建设生力军的侨乡而言,乡愁缺失所致使的认同感的缺失,更会导致该村参与乡村建设的动力不足。基于此,圣狮村借助广东省侨联与中山市侨联的政策文件,结合村内特色,利用侨胞之家,开启再造乡愁,重构认同,吸引侨界新生代参与乡村建设的实践。

四、认同性重构:再造乡愁的过程

乡愁植根于乡土,发端于乡情。再造乡愁,其实质是基于乡土再造认同,再造认同中重塑乡情。这里的乡愁,主要指承载着地方特色与历史文化的记忆与情感,而认同,则蕴含在这类记忆与情感中,并有着更深的幸福感与获得感,亦能更好地推动有效参与。侨界新生代相较于父辈,故乡观念淡薄,但其仍与国内亲友有着千丝万缕的关系,且受父辈影响,或多或少地了解过家乡文化,有一定的"根"存在。与此同时,为贯彻广东省侨联文件精神,中山市侨联充分发掘具有带头示范作用的侨胞之家,按照"五有""九优"的标准①,打造记得住乡愁、留得住侨心的"星级"侨胞之家,以期带动全市基层侨联阵地的发展。基于此,圣狮村作为"星级"侨胞之家的一员,充分发挥地方特色,挖掘本土历史文化,从人、形、文三方面建构乡愁,在认知、情感、行动上强化认同,有效推动了侨界新生代参与乡村建设。

(一) 以人为核心,汇聚多方力量

这里的"人",不仅仅指海内外侨胞,更指推动乡愁再造的国家、社会与个人。侨乡之所以有灵气,之所以能承载乡愁,亦是这些主体共同建设的结果。老一代侨胞会因原生性乡愁而主动回乡建设,对于侨界新生代,圣狮村则通过搭建侨联班子、健全台账资料等方式,重新建立和修复与侨界新生代的社会联结,让他们知乡、晓乡、回乡,以此为再造乡愁的开端,推动侨界新生代主体建立起对自我身份和群体身份的认知。

1. 搭建侨联班子,广泛凝聚共识

村两委积极牵头,将侨联工作纳入其工作职责与议事范畴,积极推动圣狮侨联工作小组各项工作,建立健全村内侨联工作协调机制,制定并实施侨务工作相关制度规范等,实现村中侨务有据可依、有章可循的工作格局。其中,村侨联班子成员重新设立,现有侨联主席一名、副主席两名、委员一名、秘书长一名,除侨联主席为村内专职干部外,其余四人均不在村两委工作,且有侨胞身份,分别为归侨、侨眷、侨菁、港澳台同胞。与以往侨联班子架构不同,现今的班子成员覆盖面更广,涵盖了侨胞中的四大类群体,相较于专职人员,其与侨界新生代的接触面更广、接触程度更深,也更有利于充分发挥人力、智力、财力,广泛凝聚共识。"这

---

① "五有"指有组织、有阵地、有队伍、有经费、有活动;"九优"指侨韵、侨建、侨史、侨菁、侨法、侨书、侨创、侨爱、侨干。

是今年新换的班子,主要考虑到沟通交流上的方便,尽量让年轻人参与工作,也能有一个良好的传承性。上一届村侨联班子基本由村内专职干部担任,今年换届就调换了这种安排,只有我一个专职干部。这样的安排在一定程度上扩大了班子成员的覆盖面,归侨、侨眷、侨菁、港澳台同胞这四类群体都有涉及,能比村内专职干部与海内外侨胞接触得更广、更深。"(LJY20211014RJC)

圣狮村侨联班子重建后,就在各级党委政府的领导下,以"做好侨务工作、服务侨界人士"为工作重心,不断朝着争做侨界"贴心人""实干家",侨胞的"亲情之家""温暖之家",共建同心幸福社区的目标而努力。与此同时,其在中山市侨办政策的指导下,与村情结合,完善了社区侨务工作联系会议制度、社区侨务交友联谊制度、社区侨务信访工作制度、社区侨务重点对象访问制度、社区侨情档案信息制度、社区困难侨务对象服务制度等,在一定程度上加强了自身建设,夯实了侨胞之家的基础。这一阶段的侨胞之家建设,主要是以情治侨,夯实了治理的亲缘根基。

2. 健全台账资料,有效汇聚资源

随着时代的发展,老一代华侨华人逐渐退出历史舞台,侨界新生代与祖籍国之间的关系逐渐淡化,甚至出现了断层现象,以往基于思乡之情而建立的社会关系也随着侨界新生代的接棒而逐渐消失。因而,必须建立并完善侨界群众的基础档案,也只有掌握侨界群众的基础信息,才能更好地带动并且发挥侨联联系与服务的作用,也才能让侨界群众真正感受到家的温暖,由此与家乡重新建立起联系。因此,为了更好地联系侨胞、了解侨情,在村两委的推动下,圣狮村在2008年开展了侨情调查,但此时的调查较为简单,仅仅是村内原有生产队队长进行走访填写。随后,该村又在2018年继续推动调查,此时仍采用队长逐家走访、入户沟通的调查方式,并据此制作了侨情调查表,但数据已细致到现居住地、家庭成员、联系方式等等(表5-1为2018年不完全记录的总表)。到了

2020 年侨胞之家升级时期,村内形成了垂直到底、包管到人的三级网络,即从村两委到侨务工作领导小组再到侨务工作联络员。村内推动每一位侨务联络员包管到每个华侨侨眷家庭,并多次借助乡贤、村大学生等摸查村内侨情,统计数据、建立档案、制定台账,当前统计在册的侨胞已有 4500 多人。

表 5 - 1　中山市沙溪镇圣狮村侨情调查表(总表) 2018 年(制)

地方	人数	地方	人数	地方	人数	地方	人数
香港	744	澳门	512	巴拿马	5	斐济	3
台湾	11	澳洲	34	巴西	5	不详	16
新加坡	12	哥斯达黎加	2	洪都拉斯	15		
新西兰	8	加拿大	58	洛杉矶	6		
英国	1	美国	229	秘鲁	2		
越南	1	墨西哥	11	欧洲	5		
合计						1686 人	503 户

在为每一位涉侨群众明确好信息、建立好档案之后,村侨联通过电话、微信、邮件等方式与海外侨胞和留学生加强联系,还会适时开展与海外侨胞、归侨侨眷和港澳同胞的联谊活动,持续推动侨界志愿者服务队的建立,并积极发动侨界群众参与到家乡的志愿服务和慈善活动中,亦会定期对困难的归侨侨眷进行走访慰问。与此同时,圣狮村侨联更是充分运用电子化、信息化技术,利用网格管理的先进性与优越性,以网治侨,增强乡村治理的效能,推动村侨联工作快捷、高效。

(二)以形为基础,搭建多元载体

这里的"形",不仅指有形的物质载体,更指创新的网络载体。再造乡愁,不限于以物质实体为基础,更结合时代发展的要素,构建有意义的空间,触发建构认同路径,为有效参与搭建"回得来""融得进"的桥梁。针对侨界新生代多元化与多样化的参与诉求,圣狮村重新打造有形实体阵地、创新建设网络阵地，以有形和无形的载体，形成能承载地方特色与历史文化的可视化媒介，让侨界新生代在参与中形成对个体归属和群体归属的情感。

1. 打造实体阵地，搭建物质载体

2018 年以前，华侨华人返乡大多在村委会进行沟通，没有特定的交流场所。为解决这一问题，2018 年，圣狮村利用起在华侨华人推动下修缮的阮家旧宅，将其作为村级华侨文化展览馆，并在 2020 年市侨联的支持下，将其升级为"星级"侨胞之家，以此为重要抓手，打造"载体最创新"侨胞之家，稳步推进农村基层统侨工作。

阮家旧宅建于民国时期，由华侨兴建，是圣狮村近现代重要的代表性历史建筑，中山沦陷时期，曾被日寇侵占使用，解放后先后作为"七十二家"房客（农民安置点）、民兵部、卫生医疗所，重新修缮作为圣狮村华侨文化展览馆使用。阮家旧宅属于典型的华侨屋，这类建造独具特色：一般都有两层以上，大都用水泥钢筋进行建造，楼面采用西方式样，但楼顶又常常采用中式的金字架，大门、阳台、墙壁的式样也是中西参半，这类建筑既有西洋风格的整饬挺拔，又有本土风格的谦和平实。在当时，这类房子往往都要筹建人两三次归国才能竣工，因为一次筹足资金并不容易。"我曾经听我父亲说过，他们跟随着父辈远渡重洋去到国外，大多都是做苦力工作，因为语言不通和种族差异等，经常受到欺凌和压榨，当时大家忍受伤病和孤独，勤奋努力做工，只是为了能多挣点血汗钱，带回家乡，主要是为了能够回来买地、建房。"（**LJY20210725RJL**）可见，这类华侨屋体现的是隆都圣狮人敢于冒险犯难、刻苦耐劳、善于吸取异己文化、爱国爱乡的品格。

与此同时，圣狮村更是将阮家旧宅作为展示圣狮侨文化的重要窗口平台。其通过发动华侨、村民等收集珍贵物品，形成展览馆，以姓氏、侨情、乡情、乡音、农耕民俗、传统美食等为切入点，在阮家旧宅内设计相关区域，以新媒体体验为载体，展示圣狮村的侨文化。侨胞之家里的物品摆放具有其特定的含义，或是带有特殊的生活意蕴，或是带有独特的社会情感，即借物品来建构起人们之间共同的情感、形成特定的认同等。如在乡音展示板块，其设有传统隆都话灯谜、歇后语与儿歌等角落，在儿歌这一角落中，圣狮村在能够搜集到的、具有隆都特色的儿歌中，挑选了最具代表性的两首，并采用小喇叭的形式，即在参观到该角落时，按下按钮就会播放提前录制好的、带有隆都方言念法的儿歌。这些隆都儿歌秉承着隆都特有的语言特色，如果不用隆都话念，原来押韵的句子，都会变得押不上韵，味道全无。隆都儿歌实际上反映了某一历史阶段，本地域的人文风情，它的存在，活跃了儿童的生活，因此，尽管它流传了上百年甚至数百年，至今仍然铭记在海内外众多的老一辈人的心中。

"过去的儿歌得以流传，主要靠一代接一代的口口相传，因为从来没有过记录整理，所以很多儿歌在流传的过程中产生了变化，现在将它们记录下来，主要想保存好隆都民间喜闻乐见的民俗文化，好让后代能在乡音中感受到乡愁。就如现在在播放的这首行渡渡①，主要说的是以前小朋友经常玩的游戏，可能很多年轻人都不懂这些话的意思了。我们现在记录下来，在这里进行展示，就能勾起老一辈的记忆，也能让年轻一代对其感兴趣，最起码，也不要让最能代表乡愁的乡音失传啊！"（LJY20211014RJC）"最能体现乡愁的载体亦是乡音，这个也是根的问题，我们接触到的海外侨胞，都在教后代隆都话。"（LJY20210714RJC）

圣狮村以阮家旧宅这一建筑为纽带，开展特色侨日研学活动，成为广东省中小学研学基地的重要场所，从而盘活侨胞之家和展览馆的文化载体作用。作为展览、研学、实体体验的场馆，侨胞之家并非只面向侨胞，而是覆盖全村甚至是所有群体，因而，亦推动了各类群体了解侨文

---

① 隆都儿歌："行，行，行渡渡，阿婆买豆腐。买唔到，踎踎倒，执个金鸡嫲。"行渡渡是小孩子常玩的游戏之一，该游戏在"蒲鱼"上进行，由于"蒲鱼"斜且窄，因而要侧身横行，站不稳则身体前倾。旧时妇女多裹足，这种颤巍巍的走法，就像老态龙钟的阿婆走路去买豆腐一般。首句以眼前的游戏起兴，以引出要唱的歌词"阿婆买豆腐"，这是民歌的常用手法，阿婆买豆腐跌倒的细节很有戏剧性，结尾以喜剧收尾，令人会心一笑。

化、了解村史，有效加深他们对乡村的认同，推动各类群体参与到乡村建设中。"侨胞之家的建设，可以让青少年深入了解中山侨文化的变迁历史、领略侨领魅力。之前做了一个简单统计，侨胞之家开馆至今应该最少也有6000人次到这里参与过研学活动了。"(LJY20210714RJC)

2.建设网络阵地，构建信息载体

侨胞之家作为与华侨华人、港澳同胞相联系的特定载体，其不应只是一个实体阵地，更应发展一个网络阵地，由此拓宽与其联系沟通的载体，扩大引导与服务的覆盖范围，以此开创网上侨联新局面。圣狮村积极探索"1+X"侨胞之家新格局，即以实体阵地为主体，延伸出不同的服务、活动、宣传等，打造侨胞之家的多重服务格局，使之"宣传有看点、活动有亮点、创新出特色、服务为基点"。如创建家书形式的"圣狮新风"小报，每月一期刊登乡村发展概况；创建"隆镇狮乡"微信公众号、微信视频号、抖音视频等多媒体平台，创新性地使用当下群众喜闻乐见的宣传手法，大力宣传侨乡文化；完成了15万字《圣狮村志》的撰写。在圣狮村看来，其载体最创新不仅仅针对交流而言，而是要通过新媒体与多媒体技术，将侨村的文化进行推广，并以此作为推动侨务的重要窗口，扩大其功能与作用，让侨界新生代能通过各种渠道与方式了解家乡、强化认同，从而推动参与。

与此同时，圣狮村还巧用微信群、QQ群等新媒体，定期与华侨华人和港澳同胞进行联系，据不完全统计，现在约有800—900人加入线上交流平台。通过线上线下的形式，打造两个侨胞之家：一个为线下侨胞之家，以实体阵地为主，即借助村内现有的场所和设施，搭建相应物质载体，承载乡愁；另一个为线上侨胞之家，以网络阵地为主，即通过建立网上交流平台，构建相应信息载体，传播乡愁，以此维护与促进侨界新生代与家乡之间的双向互动，更好汇聚侨心与侨力，有效构建联结。"我现在经常在微信群里和家人、朋友聊天，真的很方便，我也经常可以在群里或者公众号推文中看见圣狮村的发展，和我小时候相比真的发生了天翻地覆大的变化,变得更好了。很多时候我都借着群里的消息或者是看到的推文,给我的孩子讲我的故乡,尤其是四月八的活动,现在我的孩子对这些都产生了很浓厚的兴趣。"(LJY20210725RJL)

(三) 以文为路径,盘活多样资源

这里的"文",不仅指文化习俗,更指各类文化活动,其是乡村实践发展的产物,是乡村文化的活态形式,亦是乡村最大的独特性来源。无形的精神文化需要有形的物质形态作为载体,形为魂的基础,魂为形的支撑,两者相互作用。因此,如何借助文化的力量,以侨为桥,以文化人,是再造乡愁的重要一环。圣狮村通过重塑圣狮乡土文化,开展各式活动,让大家的参与和捐资师出有名,与此同时,其借助实体阵地载体与网络阵地载体,让海内外侨胞能通过多种形式参与其中,在感受侨乡文化力量的过程中,进一步加深侨界新生代的自我认同感和乡村凝聚力。实际上,圣狮村在这一阶段中,加固了侨界新生代在前两阶段产生的认知和情感,并进一步推动其行动。

1. 传统精神历久弥新

传统精神既凝结着乡村的根源意识,又凝结着乡村的核心价值,其所蕴含的情感、文化与记忆,能有效弥合代际间与地域间的文化断裂。因而,赋予传统精神以新的时代内涵,能有效呼唤乡村的传统美德与价值,亦能有效传承乡村的传统文化和精神,使之促进乡愁的更新和融合,激发侨界新生代内生的归属意识和公共精神,为乡村建设和发展提供文脉支撑。

圣狮村的团益公会作为中山市最早的慈善公益机构之一,最初是在1911年由乡贤彭介生等人发起创办的,其以"团筹善款,益被贫民"为办会宗旨。在创办的初始阶段,团益公会曾开展过清沟渠、点街灯等一系列公益项目,此后又在民国二年(1913年)开始进行赠医施药活动。为了更好地造福乡梓,230多位旅居美澳的华侨、港澳同胞以及村中热心人士一同捐资,在1913年重建团益公会。团益公会建成后,前厅用作书报阅览室,陈列各种图书报刊,免费供村民阅读;后作为赠医局,有名医坐诊,为村民诊疗疾病。新中国成立后,中国科学制造牛痘疫苗创始人彭华利回乡捐赠数十万支牛痘疫苗,在此处免费为儿童注射。直至20世纪90年代初,团益公会才结束了医疗事业的历史使命。团益公会从建立至今,一直是华侨华人、港澳同胞关怀桑梓的象征。

如今,圣狮村将团益公会作为归侨侨眷的议事场所和村史馆,并借此发挥团益公会的精神传承作用。为了让更多的人了解和传承乐善好施的"团益精神",圣狮村对团益公会这一历史古迹进行了重新修缮,并将其作为圣狮村村史馆对外开放展览。将本土历史文化内涵融入乡村建设,赋予了"团益精神"新的历史意义和时代内涵,由曾经的村政事务,到赠医赠药、乐善好施,到信息传播、开启民智,再到现在的凝聚民心、共谋发展,"团益精神"在一代代归侨侨眷、华侨华人、港澳同胞中得以传承。

2.民俗活动凝心聚力

圣狮民俗馆原为竹屏阮公祠,是村中著名的三叠祠之一,如今已经成为省级非遗项目"四月八"文化传承基地和道具展览场所。而"四月八"作为沙溪民间文化中最具特色的活动之一,是一个规模庞大的群众游乐活动,在每年的农历四月初八当天,村民会将木龙、金龙等在洪圣龙王庙进行拜祭后,为龙点睛,随后出街巡游,并燃放鞭炮迎接。这一习俗起源于明末清初,传承至今已有400多年历史,并发展成为龙、凤、狮、飘色以及鼓乐花篮等一起参加的盛大民间艺术巡游。如今,圣狮村将这天固定为民间艺术巡游活动的日子,并与中山市归国华侨联合会、沙溪镇政府等共同举办这一盛会,由此吸引旅居海外的圣狮华侨回乡观看,后者也将回乡观看一次大巡游作为自己最大的心愿,而想尽办法赶回家乡。据不完全统计,2019年,"四月八"旅游文化节活动参加表演人员达到1500多人,其中归侨侨眷的子女有近200人。

与此同时，圣狮村拥有一系列历史悠久、颇具特色的文化习俗，其亦通过结合相应的活动，邀请海内外侨胞回乡参与，如借助春节、端午节、中秋节等开展人文底蕴丰厚的民间活动和慈善活动。五年来，这些活动共接待海外社团 60 多批次计 2500 多人，在海内外侨胞共享当地文化盛宴的过程中，以文化认同推进家国认同，扩大了凝聚力范围。此外，圣狮村还积极融入现代元素来推广民俗文化，如在圣狮"四月八"旅游文化节前，制作手绘式的宣传册、设计活动吉祥物、通过"隆镇狮乡"微信平台与"南方＋"媒体对"四月八"当日的活动进行实时直播，将活动的影响力进一步扩大。这样一来，圣狮村不仅有效传承了本土的传统文化，更是创新多元地将其推广出村，借助民俗文化及其活动，吸引更多的侨界新生代知乡、懂乡、返乡，为圣狮村的建设与发展注入新的活力。

3. 文艺协会联通侨届

为了更好地盘活村内的民俗文化与历史文化，推动侨界新生代参与行动的生成，圣狮村在 2020 年组建了一支侨文化队伍。该侨文化队伍主要负责举办各类高质量的交流活动，并架起与侨界新生代联通的桥梁，推动侨界新生代知道家乡、了解家乡、回到家乡，以此争取更多资源助力乡村的建设与发展。

第一，开展各类文化交流活动。圣狮侨文化队伍极为重视并着力做好侨界新生代的工作。首先，建设侨胞侨日研学活动路线。圣狮村两委及村侨联联合侨文化队伍，根据村内民俗文化与地方特色，设计了 10 多条研学路线。侨界新生代在这些研学路线中，参观了如侨胞之家、村史馆等一系列具有本土特色的景点，使之既学习了地方特色文化，又加深了对家乡的了解，亦加强了对其的爱国主义教育和乡情教育，以此推动侨界新生代持续回乡走访交流。同时，积极开展相关交流与实践活动。除了参观的研学路线以外，村侨文化队伍根据本土特色，开展相关的交流活动，将乡村文化的影响力扩展到普通青年群体中。如推动民俗艺术进校园和出国门的活动、在村内将近 600 平方米墙上进行相关文化题材的墙绘活动、开展薪火相传(扎龙、舞凤凰培训)与十二生肖鼓等民俗艺术体验活动，以及与国内中小学乃至国外的机构合作，开展研学教育活动等等，使得年轻一代在交流和参与中认识乡村、理解乡村，由此培养和加强了侨界新生代对家乡的认知认同。

第二，打造侨界文化实践品牌。村侨文化队伍充分利用"2＋8＋N"治理模式中的文体协会，如曲艺社、青年志愿者、巾帼志愿服务队、民间艺术协会等，以此吸引侨界群众积极参与、积极入会。此外，其还建立社区业余文化表演团体，举办运动会、篮球比赛、广场舞大赛、游园等群众文化活动，每年组织开展 40—50 场次富有中山本土特色的活动，以此打造圣狮侨界文化实践品牌，如开展"狮乡年味""千人追月晚会""侨界敬老文化节""青年文化研学"等特色活动，既让海外华侨华人了解乡村文化，又更新侨界新生代的祖籍文化认同，促进了侨界人文社区和谐共融。"我主要是通过我父母的讲诉知道这些文化活动的。其实一开始觉得应该都是大同小异的文化活动而已，直到我在小视频上刷到这个活动，才知道原来这是我家乡的啊，我就越发被这些特色活动吸引住了，一直想找机会回村里看看，并且参与其中。要补充的是，我对圣狮村的小吃尤为感兴趣。"(LJY20210725LST)

第三，传承和弘扬习武传统。习武传统在圣狮村也持续了上百年，百年武馆与民为邻，是凝聚圣狮人的纽带之一。因而，侨文化队伍借助这一艺术，开展相关的活动，如在村内的艺习武馆里，采取举办武术培训班的形式，推动广大归侨侨眷报名，使之既能习武强身健体，又能传承和弘扬传统武术文化，还能为侨界新生代搭建沟通交流的平台。再如通过举办武术文化交流会，使海内外群众在一场"乡情文化"的集体盛宴中，共叙乡情、亲情与友情。在 2019 年的武术文化交流会中，有村中群众、热心乡贤、海外华侨、港澳同胞等 5000 多人参与其中。"疫情之前，我经常回到圣狮，看现场的武术交流会，节目一年比一年办得好。我在 2019 年时也回去看了一次，当时更感慨的是家乡变化之大，更漂亮了，更宜居了,也更有文化底蕴了,我当时还说要多带我的女儿回村里看看,不仅能看我家乡的历史,还能尝到这家乡的味道,更能感受到祖国的强大。"(LJY20210725RJL)

(四)小结

认同本就是一个建构与再建构的过程。在这一过程中,圣狮村搭建好建构主体的架构,即侨联班子,借用国家与社会的力量来再造乡愁,并锁定建构客体,即侨界新生代,针对其乡愁缺失这一要素,全面铺开进行乡愁再造。圣狮村再造乡愁从而建构认同的这一过程,是在具体的文化情境中进行的,该认同的建构,亦是在个体与个体之间、个体与群体之间、群体与群体之间,相互作用而形成的。

首先,圣狮村借助阮家旧宅这一物质载体建设侨胞之家,并将其作为海外侨胞与港澳同胞的思乡场所,激发其个体记忆和集体记忆,即在一定的空间内,借助相应的物件,来进行记忆的生产与再造,以此塑造和建构起侨界新生代对侨胞之家的多样认同。这一过程中,让侨界新生代建立起对自我身份和群体身份的认知。其次,圣狮村建设网络平台,搭建创新载体,在一定程度上扩大了建构客体即侨界新生代的可覆盖面,并推动管理和服务的快捷化、高效化。这一过程中,让侨界新生代在认知基础上形成了对个体归属和群体归属的情感。再者,圣狮村利用团益公会精神、"四月八"民俗巡游、文艺协会活动等侨界新生代并未接触过的文化资源,以"侨"为特色,以文化为纽带,以活动为载体,广泛开展各种文化活动,将侨界新生代团结、组织与凝聚起来。这一过程中,在前两阶段产生的认知与情感,推动侨界新生代产生行动。

整个再造乡愁的过程中,体现着国家与社会的形塑关系,建构和形成侨界新生代对乡村、民族甚至国家的认同。简而言之,即在建构的过程中重塑认同,在重塑认同的过程中推动参与,有效发挥再造乡愁的成效。

五、认同性渗透:再造乡愁的成效

圣狮村"星级"侨胞之家的创建,进一步挖掘和弘扬了村内的侨力资源,有效形成了和谐、善治的社会氛围,亦有效促进了侨界新生代对家乡的认同。认同实际上亦是一种归属感,是个体对社会体系和整体文化的认同。通过搭建桥梁、加固桥梁以及文化助推,侨界新生代逐渐对自己的身份与归属有了一定的认知,并在各类载体与文化活动中,产生一定的情感、加固自身的认知,从而开始积极投身于乡村建设当中,其亦在这些建设中,再造乡愁、重构认同,推动可持续地参与乡村建设。本章着重阐述圣狮村再造乡愁后的成效,即侨界新生代参与乡村建设的模式及领域,主要从完善参与建设格局与拓宽多元参与领域这两个方面进行展开。

(一)纵向参与:完善参与建设格局

在侨乡这一特殊类型的乡村中,老一代华侨华人为乡村前期的建设与发展提供了各种资源,有效弥补了乡村内生资源不足的问题,因而,其在乡村建设的前期起到主导性作用。随着新时代的发展,老一代华侨华人在乡村建设中的地位与作用发生了变化,对此,圣狮村侨务工作者继承和发扬以往的优良传统与工作经验,并针对侨界新生代的特点,确立了面向侨界新生代的发力路径,即通过再造乡愁来再造认同,从而确立一条涵养新侨资源、推动乡村建设的有效路径。与此同时,其在吸引侨界新生代返乡参与乡村建设的过程中,进一步完善了"党政把方向、侨联当先锋、侨胞侨眷归侨共同参与"的多元参与治理格局。

1. 党政引领推进有效参与

在 2017 年的中央农村工作会议上,习近平总书记指出:"办好农村的事情,实现乡村振兴,关键在党"①。党的领导是我国乡村振兴的根本力量与最大优势,因此,在侨乡的建设中坚持和强化其领导核心与领导能力显得尤为重要。圣狮村在沙溪镇党委政府的领导和关心支持下,紧紧围绕"业兴、村美、人和、民富"的发展理念,扎实推进"依法治村、以文立村、经济强村"的治村方略,努力建设共建共治共享的和谐农村社区。与此同时,圣狮村坚持党建带侨建,其不仅积极推进基层侨联组织的建设,更是将其纳入到党的基层组织建设总体格局中,统筹推进、持续规划。

首先,特别设置村级侨联会。为了更好地引导侨界新生代参与乡村建设,圣狮村在其"2 + 8 + N"②治理模式中,特别设置了侨联会,并在中山市民政局的指导下,同步开展党建工作,即在侨联会内部建立党支部,通过发挥党员的引领与带动作用,推动侨界群众凝聚在党的周围,以此来巩固党执政的侨界群众基础。由此,在村内党员群众的号召下,吸引了一批热心乡村事业,在本职行业或是社会公益事业中表现突出的侨界群众担任村侨联会职务,他们亦在村侨联党支部的引导下,积极推动侨界新生代参与村内的建设,使之参与有渠道、有平台。

再而,积极加强侨务建设。在市侨联的指导下,圣狮村两委积极推动并建成了村内侨务工作的"五个一"阵地,即一个侨胞之家、一个侨联办公室、一个侨房展览馆、一个侨法宣传墙、一个侨文化活动。这五大阵地正是在党的支持与引导下建立的,具有三方面的作用:一是营造了良好的社会氛围;二是有效推进基层侨务工作的发展;三是为侨界新生代融入多元参与格局奠定了良好的基础。侨界新生代亦正是在党政的引领下,在参与的过程中,进一步强化了对自身身份与归属的认知,推动其

---

① 《谱写新时代乡村振兴新篇章》,《人民日报》2017 年 12 月 30 日。

② "2 + 8 + N"治理模式是针对外来务工人员的二元社会问题的。所谓"2 + 8 + N":"2"指各村居组建社区服务中心和农村社区建设协调委员会;"8"指各社区服务中心承担党员服务、群团和志愿服务、民政残联、劳动社保、人口计生、文化体育、国土城建、综治信访维稳等 8 项职能;"N"指 NGO,即社区社会组织,明确 NGO 构成社区治理板块。

更进一步的有效参与。

2. 侨联协作推动高效参与

侨联在我国政治、经济、文化和社会生活中，一直发挥着独特而又重要的作用，其作为党和政府联系侨界群众的重要纽带，始终是我们党和政府重要的工作手臂。与此同时，侨联本就具有群众性、民间性、涉外性和统战性，这一独特优势和特殊作用也决定了其在乡村建设中大有可为。

在中山市这样一个闻名于世的侨乡，侨联组织的布局已经深入到各镇区与街道，形成了体系化的成建制的组织网络。在此基础上，圣狮村组建并完善村侨联组织，做深做细各方面工作，并与特别设置的村级侨联会相互协作，坚持为侨服务、为侨办事，以此团结和凝聚广大侨界群众。此外，圣狮村通过加强村侨联干部的队伍建设，并定期对其开展业务培训，提高他们的工作能力和业务素质，使之做好侨界群众的贴心人及侨务工作的实干家，充分发挥侨联的先锋作用，带领侨界群众参与乡村建设。当前，村内侨联干部还担当法律顾问，引导侨界群众合理合法维权，其更是村内开展暖侨心活动与为侨排忧解难的主力军。

圣狮村村级侨联会的建立，不仅完善了为侨服务的平台，更探索了服务侨界新生代工作的体制机制。圣狮村村侨联主席对村侨联会这一特殊组织如此评价："圣狮村"2+8+N"治理模式中的侨联会，由热心乡村事业的侨界群众组成，他们有些是在本职工作这一行业里表现突出，有些是在社会公益事业里表现突出，由侨界群众推选，具有爱侨之心。这一类代表，需要对村里的相关建设与规划进行建言献策，又或者是为归侨、侨眷、侨属等的事务给予关注和帮助。虽然因为他们的身份无法参与到治理体系中，但采用这样的方式，能提升其在乡村中的声誉，发挥他们本身具有的智囊团的作用，在一定程度上也有利于破解乡村发展的难题。"（LJY20211014PJY）

3. 群众协同发挥参与效能

圣狮村的旅外乡亲一直有为家乡公益事业捐资赠物的传统,侨界群众的贡献和痕迹在村中随处可见。在新时代、新发展阶段,圣狮村两委联合村侨联,以再造乡愁的方式,推动侨界新生代参与到乡村活动乃至乡村建设中,以此有效促进村内资源与侨力资源的结合。在初期阶段,其主要通过发挥示范作用和提供各种诱因,来激励侨界新生代自发主动地参与到乡村建设的各个方面,使之创造源源不断的内生动力;而在成功激活侨界新生代的内生活力之后,村两委与村侨联便转变职能,由推动参与转向提供辅助技术、资源配合和福利保障等事项。

最具代表性的则为圣狮村对照创建"星级"侨胞之家的各项标准,将乡村作为主阵地,进一步创建各类队伍与活动,营造良好的社会氛围,不仅推动了乡村内部的沟通交流,更是吸引了侨界群众参与其中,延伸了侨界群众可参与的领域。如组建妇女健身队、男子篮球队、儿童武术队等文化活动队伍,并定期利用乡村文化广场开展公益活动,丰富普通群众业余生活的同时,也吸引侨界群众的踊跃参与。再如创建青年志愿服务队、巾帼志愿服务队、文化志愿服务队等社团组织,定期开展助困助学、扶贫济困、关心慰问孤寡老人等活动,形成了良好的互助氛围。此外,圣狮村以传统的中华孝文化为切入点,在中秋、重阳等传统节日,开展中秋千人赏月活动、敬老慈善活动等节庆文化活动,使侨界新生代在参与过程中加深对家乡的情感,推动其进一步参与。

"因为从小我就是志愿者或是参与者,所以我对圣狮村的这些活动很熟悉,我自己也加入了文化志愿服务队。在疫情之前,我也有接触过一些和我差不多年纪的侨界青年,他们每到暑假就会回到村子里看望亲友,大多都会加入到这些活动当中,他们对这些是很感兴趣的。也正是因为这样,尽管因为疫情或其他原因他们现在暂时没有回到村子,但因为这些文化活动队伍的缘故,我们依然有联系,他们也会对村里的一些活动提出自己的建议和看法。"(LJY20210725PYY)圣狮村通过各类文体队伍与文化活动有效引导侨界新生代参与乡村建设,在村中营造了积极向上、服务社会的新风尚,侨界新生代又在参与的过程中,产生对乡村的认同,继而更为主动地参与,从而形成多元主体参与乡村建设的格局。

(二) 横向参与:拓宽多元参与领域

1. 助推乡村经济发展

再造乡愁助推乡村经济发展,在圣狮村中主要体现在两个过程。一是再造乡愁过程中所推动的乡村经济发展,此时的经济发展,是短暂的、有限的;二是再造乡愁后,推动侨界新生代返乡参与建设,从而推动乡村经济的持续发展,此时的经济发展,是长久的、持续的。而再造乡愁、激活认同所推动的参与成效,也更多地体现在后者。

第一,再造过程中的经济发展。圣狮村通过再造乡愁,推动侨界新生代参与乡村建设,其乡村经济的发展更多体现在"以文为路径"这一过程中,此时的经济发展,更多的是依托村内的文化活动,其经济效益是短暂的。具体而言,圣狮村在这一过程中依托村内丰富的历史文化与民俗文化资源,并在此基础上提供具有地域特色的产品与服务,前者有沙溪凉茶、田艾包、云葛糕等特色本土美食,后者有文化街打卡、百年建筑参观等,更有非物质文化遗产与民间艺术大汇演,在一定程度推动了乡村本土文化资源与侨界群众消费需求的对接,有效促进乡村经济的发展。

第二,再造过程后的经济发展。再造乡愁后,侨界新生代在参与活动的过程中,产生了对家乡的认同,自觉自愿地接过老一代华侨华人的接力棒,着力推动家乡的经济建设。与老一代华侨华人不同,侨界新生代参与家乡的经济建设,并非采用资金投资的形式,而是多渠道、多方面地参与和推动:首先是提供智力资源,侨界新生代大多掌握专业技术,返乡后或在他人推荐下或在自觉情况下,参与海归人才创业推荐说明会,使之能有效与本地企业的资源做好嫁接联姻工作,使其能在了解本地又缺乏创业资金的情况下,参与到家乡的企业建设中。其次是提供人力资源,侨界新生代在返乡参与建设过程中,若缺乏资金、人脉以及经验,则可在村党委的领导与接洽下,参与各种创业经验交流会、参观走访省内500强企业等,学习交流相互间的创业经验,激发其创新创业的潜能。再者是提供财力资源,现今大多数侨界新生代采取这种参与方式,即积极推动优质企业在村内建设与发展,并提供相应的经营方式与设计理念。当前村里已经有了170多家服装企业,不仅有效推动家乡的经济发展,并在一定程度上推动乡村基础设施建设的完善。

2．健全公共服务体系

推动乡村振兴,必须按照有标准、有网络、有内容、有人才的要求,健全乡村公共服务体系。[1] 侨界新生代在再造乡愁的推动下,积极参与乡村建设,由于其身份的局限性及乡村发展的需要,其参与主要集中在社会保障方面,即健全以社会福利为基础,以慈善事业为补充的公共服务体系。

第一,为社会福利捐资助款。首先,圣狮村为了让学习优秀的圣狮学子再接再厉,也为家庭贫困的学子提供帮助,特别制定奖学金与助学金制度,鼓励他们好好学习,努力为圣狮村争光,该制度奖励范围覆盖到海外华侨及港澳乡亲中。"今年我们就有一位圣狮学子在港澳台全国联考中排名理科第一,去了北京大学读书。对于这类港澳乡亲,我们也是有奖金给到的,不仅是给他们学习成果的一个奖励,更是希望他们在学成归来以后,也愿意回到家乡,参与家乡的建设工作。"(LJY20211014RJC)其次,在日常生活中,圣狮村还会联系医疗机构为村民做免费检查、举办职业知识培训,如美容美发培训、厨艺培训、农业知识培训等,全方位、多角度抓好落实社会福利,让村民真正得到实惠。这一过程中,圣狮村的海外华侨、港澳乡亲一如既往地提供人力、物力、财力及智力等多项资源的帮助,而在再造乡愁后,侨界新生代这一新生群

---

[1]《中共中央 国务院关于实施乡村振兴战略的意见》,《人民日报》2018年2月5日。

体开始加入其中，参与到家乡的社会福利事业中来。

第二，为慈善事业出资出力。一年一度的圣狮老人联欢会常常能吸引海外华侨与港澳乡亲等社会各界人士的积极参与，此外，他们还共同践行"尊老扶幼"的宗旨，踊跃捐款。据有效数据统计，2013 年的"四月八"筹款总额达到 20 多万元，除了部分用于"四月八"巡游活动外，其余的全都用于圣狮村的慈善事业。"在敬老与助学方面，每年华人华侨和港澳台同胞的捐款都有 60 万到 70 万，这样的金额对于村落而言已经是非常好的，尤其是对于老人家来说。因为圣狮 4400 多人中，60 岁以上老人占了 1100 多人，每位老人每年能领 1400—1500 元左右的福利金，每逢节庆也有 300—500 元不等的红包。因此村里每年用于老人的支出将近两百万，这些费用的来源主要也是侨界群众，现在也算是接棒到侨界新生代手中了。"（LJY20211014RJC）与此同时，乐善好施的观念也已深入每一位圣狮人心中。近年来，在圣狮村委会的动员下，侨界新生代以志愿者的身份，跟随村两委在传统节日深入慰问困难村民，为困难群众送上关怀与温暖。侨界新生代参与到家乡的慈善事业中，不仅从资金上踊跃捐输，更从行动上积极响应。当前，圣狮村已经形成了村两委带头、村民积极主动、海内外同胞联动的慈善发展格局。

3. 赓续乡村文化血脉

赓续乡村文化，就是为乡村建设有效筑魂，再造乡愁的过程本就是对乡村文化进行挖掘、保护和传承的过程，这一过程不仅能引起强烈共情，而且能起到推动参与的作用。圣狮村通过挖掘村内优秀传统文化，并将其与现代各项活动相结合，使得侨界新生代在文化活动的浸润下加强了对家乡文化的认同，且由此推动其参与到乡村文化的保护与传承当中，有效赓续了乡村的文化血脉。侨界新生代的参与行动主要集中在以下两个方面：

第一，物质文化层面。首先，圣狮村的再造乡愁，是基于对传统文化的保护和开发，侨界新生代在此影响下，形成了对家乡文化的理解和认可,并由此参与到家乡传统文化以及承载文化载体的传承和保护之中。海外侨领阮汉三、彭华利等的后代①,主动捐赠了父辈的相关物件,将其放置在村内侨房展览馆中,使得侨界新生代对家乡文化有了更深的理解,亦由此推动具有乡愁内涵的乡村文化以不断再造。其次,在再造乡愁的影响下,以文为路径的再造方式推动了侨界群众主动捐赠自家的侨房,用以完善村内的公共设施,如建设停车场、口袋公园等等,又或是直接投入资金,对村内的小学、卫生站、文化活动中心、老人活动中心、居家养老服务中心等进行修缮维护、规范管理。再者,其又积极利用社会资源来筹集资金,先后建设和完善了侨界活动中心、侨法宣传室、侨联图书室、侨法宣传角等为侨服务的场地,有效扩大了侨界服务乡村的基础,实现侨界人文社区建设与乡村经济社会建设互融共进,推动乡村建设与文化发展的互动共赢。

第二,非物质文化层面。首先,在再造乡愁的推动下,侨界新生代返乡参与各类活动,不仅深化了其对家乡非物质文化的认识,更强化了其对该类文化遗产的保护和传承意识。如加入到一群有共同家乡情怀的圣狮青年当中,跟随他们拜访村内的老艺人,在了解和学习具有圣狮特色的民俗文化资源以外,还努力修复了如醒狮、凤舞等一类传统文化资源,现已有十多件具有十年以上历史价值的醒狮与凤舞被修复,并存放于村内民俗馆做展览。其次,在"四月八"旅游文化节的影响下,侨界新生代不仅参与其中,更是在参与后积极推动其发展。如通过挖掘和传承圣狮村传统节庆活动、传统乡村美食、传统文俗艺术,结合自身所处群体的需要,将其与家乡的文创和旅游做更进一步的深度融合,推动完善侨界文化艺术交流品牌;再如通过现代科技手段,将家乡文化积极传播到海外,进而影响更多新生代返乡参与建设。再者,在返乡参与敬老文化

---

① 阮汉三为孙中山卫士长,彭华利为中国科学育种牛痘疫苗发明者,两人均为圣狮村华侨、归侨代表。

节以后，侨界新生代受到"团益精神"的影响，积极与村两委联动，齐力推进村内老人福利事业的发展，在传承与延续公益精神、培育和实践家国情怀中，与时俱进，凝聚乡情。

（三）小结

在国家与社会的建构下，再造的乡愁激发、塑造与询唤了侨界新生代对于家乡的认同，这是一个动态的建构过程，亦是一个动态的认同过程、参与过程。在这一过程中，在国家与社会的作用下，完善了侨界新生代参与乡村建设的格局，形成多元主体参与乡村建设的模式；在侨界新生代的参与下，又拓宽了家乡的经济发展、公共事务、传统文化等领域，使得侨界新生代在参与的过程中，唤醒了乡愁，重塑了认同，继而积极地参与到乡村建设的各项事务中，并在参与过程中与认同循环互构，以此推动持续参与乡村建设。

由此可见，再造乡愁为推动侨界新生代返乡参与建设提供了新选择、新路径，乡愁作为一个最大的吸引物，将海外的人吸引回乡村，将村里的人留在了乡村。其对于维系乡情、增强共识、提高认同，具有得天独厚的优势，对于乡村经济发展、社会进步、文化传承，亦有其无可比拟的作用，因而，其对乡村建设乃至乡村振兴有着不可替代的促进作用。

六、结论与思考

通过前面的论述可知，再造乡愁，其实质是再造认同。在国家与社会的建构下，圣狮村的再造乡愁采取了积极主动而又较为灵活的姿态，保持了连续性与灵活性的统一：其充分重视和挖掘历史文化与历史记忆，保持了认同的连续性；其通过新媒体与多媒体的技术，进一步激活乡愁中的情感与意识，新的认同建构实践推动了认同的灵活性，而认同所内生的政治、经济、文化、社会、生态等价值，又推动侨界新生代持续参与乡村建设。因此,如何构建持续的认同,推动参与乡村建设,是当前理论研究与现实生活亟待解决的课题。通过对圣狮村侨界新生代的参与行动进行研究,可以发现,圣狮村之所以能通过再造乡愁,推动其持续参与乡村建设,其原因在于激活了侨界新生代的认同,整个过程可用"认同—参与"互构逻辑进行解释。

(一)从建构到自发:侨界新生代参与行动的生成机制

1. 认同的建构过程

(1)再造乡愁内含认同建立

乡愁作为情感表达的方式,既是乡土记忆的二次表达,亦是地方文化的符号标记,其不仅传达着人们对故乡的眷恋与思念,更内嵌着人们对故乡的特定认同性:一方面,乡愁是家乡的地域特征在个体上的客观反映,一定程度上建立了个体与家乡的初步的认同体系;另一方面,乡愁是个体的主观判断与价值追寻,使得个体愿意与家乡文化建立持续性的认同联系。

在不同群体中,乡愁的深浅程度不一:第一种是典型,这种乡愁主要源于乡村长大乡外发展的人群,其对乡村有着真实深刻的记忆;第二种是变动,这种乡愁主要源于乡村长大村内发展的人群,其记忆有着乡村的变动发展;第三种是飘渺,这种乡愁主要源于乡外长大乡外发展的人群,其可能对乡村无生活印记、无发展记忆。因此,再造"记得住"的乡愁,显得尤为重要。正如费孝通所说,"文化得靠记忆,不能靠本能"[①]。人的记忆必须有所发展,这种发展,不仅指个人记忆的发展,即今昔之间的记忆,更指社会记忆的发展,即世代之间的记忆。如果不发展,就可能没有了文化,也没有了我们现在所能感受到的一切。

圣狮村正是巧借了乡愁这一文化要素,借助老一代侨胞与在村村民

① 费孝通:《乡土中国》,上海人民出版社 2006 年版,第 16 页。

的记忆,从内容、形式与强度上,搭建了代际间的桥梁。首先,充分挖掘老一辈的历史记忆,并在匹配与重塑传统价值和现代价值的基础上,对该类记忆进行二次表达。其次,充分运用音频、图像、视频等多媒体技术,选取带有群体特征与情感符号的侨文化资源,并对其进行了物质上与精神上的改造。再者,将有历史记载的、传承至今的文化活动与时代发展趋势相结合,举办各式活动,以此增强文化体验、巩固乡愁之情。对于侨乡而言,这类桥梁的搭建不仅仅是为了吸引离开的侨界新生代回乡参与建设,更是为了给在村的新生代村民以侨文化教育,以期在传达老一辈对家乡眷恋和怀念的过程中,激发新生代对家乡的情感与认同,使之即使今后在外拼搏,亦有牵挂与回味,亦愿返乡参与建设,与家乡建立持续性联系。

(2)认同建构的双重性

认同是一个持续重组的动态过程,从建构主义视角来看,认同是在人与人的互动当中,彼此互构产生的。因而,认同的建构过程是在社会关系内构建起来的,其是社会多元行动主体相互形塑的产物,侨界新生代参与行动的生成,也是在这特定的互动关系中产生,放在圣狮村再造乡愁的过程中,即表现为国家与社会采取主动的措施与路径,以此建构乡愁、激活认同,而侨界新生代亦在这个过程中产生对国家与家乡的认同,两者间是一个双向强化的关系,它贯穿于行动者的认知、情感与态度当中,更贯穿于国家和社会为获得此类认同而采取的各种行动过程中。因此,就圣狮村再造乡愁的过程而言,其认同建构的主体与内容具有双重性:

一是国家与社会的建构。在再造乡愁的初期阶段,侨界新生代因乡愁缺失而缺少动力返乡参与建设,这时,行使国家意志的行为主体及部分社会行动主体,通过各类载体来再造乡愁,以此吸引侨界新生代返乡参与建设。这一阶段中,国家与社会作为主体,对文化本身或具有文化特质的载体进行再造,进而再造建构性认同,这是一个连续而又渐进的过程,是作为国家和社会与侨界新生代互构认同的过程,在这一过程中,既激活了侨界新生代的认同,又培育了其参与意识,对乡村建设而言,极具积极的意义。

二是侨界新生代的建构。在再造乡愁的中后期,侨界新生代主动成为认同建构的主体,其在国家与社会建构的乡愁的推动下,主动返乡参与建设,这时的侨界新生代成为主要行为主体,其在参与建设的过程中产生的自愿性的心理活动,加固了初期阶段的建构性乡愁,他们又在参与的过程中,对乡村有了新的认识与记忆,又再造了新的建构性乡愁,如此循环往复、不断前进,持续参与乡村建设。此时再造的新的建构性乡愁的过程,实际上是社会行动个体对国家行为主体的反建构,两者双向强化,认同在彼此互构中产生与深化。

2.认同的自发过程

源于个人情感特质与地方文化情境的认同,应是推动公民持续参与治理的重要动力来源。① 因此,在个人固有情感中产生的原生性认同,与在特定文化情境中产生的建构性认同,也应是不同群体参与乡村建设的不同内因。同理,对于侨界新生代而言,由于成长环境的影响,其本身可能并不具备原生性认同,而参与行动之所以能产生,且是持续有效的参与行动,原因可能在于再造乡愁行为背后的认同机制。

(1)认同内生的三大层次

从主观能动性的角度看,认同具有"认知—情感—行动"循序渐进的三大层次:认同内生的第一层次,源于个体对自我身份和群体身份的认知;认同内生的第二层次,源于个体在认知基础上形成的对个体归属和群体归属的情感,此层次的情感是双向的,即积极与消极并存;认同内生的第三层次,基于个体在前两个层次建立的认知和情感,并由此产生不

---

① 唐有财、胡兵:《社区治理中的公众参与:国家认同与社区认同的双重驱动》,《云南师范大学学报(哲学社会科学版)》,2016年第2期。

同的行动。

建构性乡愁的再造,本就内含认同的建立,因此,其认同的过程,也应当是这三大阶段层层递进、逐步深入的过程。首先,圣狮村在再造乡愁的过程中,通过修缮乡村内部与侨胞相关的、有形的物质形态,以此推动无形的侨文化扩散,使得侨界新生代以及本地青少年在自我身份确定与对归属群体认知中形成一定认识,增强了其对归属地乡村的认同感,解决了其对乡村的认知不明这一阶段的问题。其次,在参与乡村多元活动及其他线上线下交流的过程中,该村不断建构与变化发展的乡愁,引导着侨界新生代与本地青少年认同的发展方向,使得他们逐渐对自己的角色身份有了一定的归属感与自豪感,并由此产生积极的群体情感。最后,在这些认知与情感的基础上,激发了侨界新生代与本地青少年的体验感与参与感,推动其参与实践。

而在再认同过程中,侨界新生代通过多种渠道的沟通交流和参与不同的形式活动,加固已有认知、强化原有情感,如"四月八"旅游文化节系列活动的开展,不仅推动村民与侨胞的参与互动,巩固其认知与情感,而且提升了乡村的文化效益,通过文化生产力推动乡村发展,因此进一步激活了侨界新生代参与乡村建设的内生动力,推动其持续参与乡村建设。这类再认同过程充分运用了乡村文化的伸张力与浸润力,使得认同过程更具有复活力、再创力与新生力[1],使其在再造家乡之愁的过程中激活家乡之力,留住侨界新生代,推动参与乡村建设。

(2) 认同持续内生的过程

在建构主义者看来,认同具有双向含义,即其不仅可以作为行动者行动的意义来源,亦可以成为行动者行动的建构产物。[2] 侨界新生代的

---

[1] 刘庄:《以华侨文化精粹涵养新生代华侨华人民族认同感》,《上海市社会主义学院学报》2014年第5期。

[2] [美]曼纽尔·卡斯特:《认同的力量》,夏铸九、黄丽玲等译,社会科学文献出版社2003年版,第3—4页。

认同,亦是这样一个双向互构的关系:首先体现在国家与社会对侨界新生代的认同的建构,以及侨界新生代自身对乡村所建构的认同。在这一过程中,国家与社会所建构的认同是基础,亦是侨界新生代参与的初始动力,但其个体自身的认同与选择才是关键,是其持续有效参与的最终动力。圣狮村在政策支持与社会文化的助推下,再造了乡愁,激活了认同;其侨胞亦在这类乡愁的影响下,重构了认同,推动了参与。

其次体现在侨界新生代的参与互构中,该互构亦是一个不断建构的、循环渐进的过程。在圣狮村具体体现在:侨界新生代基于再造的乡愁,或是在原生性认同的推动下,以个体形式参与到乡村建设中,或是在建构性认同的导向下,以组织形式参与到乡村建设中,两种方式均能在参与的过程中重塑乡愁,强化认同。自发的个体参与和有导向的组织参与相互影响、相互渗透、相互融合,互构形成"你中有我,我中有你"的参与形式。

再者体现在侨界新生代的认同和参与互构中,侨界新生代参与乡村建设行动的持续生成,主要来源于其个人自身认同的生产与再生产,简言之,即侨界新生代在国家与社会建构的乡愁下产生认同,从而参与乡村建设,而其又在参与乡村建设的过程中,重塑着自身对于乡村的认同,继而再次参与乡村建设,在认同与参与的不断互构中,不断推进持续有效的参与。因此,在一般情况下,侨界新生代的认同和参与亦是双向互动作用下的结果。

(二)"认同—参与"互构:侨界新生代持续参与的生成逻辑

乡村建设应当是为人而建,这不仅是为留乡的人而建,更是为离乡的人而建;乡村建设也应当是由人来建,这不仅需要尊重留乡人的意愿,更需要了解离乡人的需求。因此,如何推动各类返乡入乡离乡群体,参与乡村建设,成为当前乡村建设的重要议题。在本章这一案例中,侨界新生代参与行动的生成,既与国家和社会的建构有关,更与其内生自发的认同有关,后者是推动其参与行动可持续的重要原因。

在这其中,建构性乡愁作为一种特殊的文化,是国家与社会互构的重要产物,亦是推动侨界新生代参与行动生成的关键因素。其在国家与社会的作用下,通过不断调整与演变,相互建构而形成;此外,建构性乡愁能激活侨界新生代乃至各类群体的原生性认同和再造建构性认同,即以文化内生动力为前提和基础,进而发挥外生激活力的作用,激发内生动力的生产与再生产,合力推动包括侨界新生代在内的各类群体参与乡村建设。因此,只有激活侨界新生代的内生认同,才能更好地激活"认同—参与"这一逻辑(见图 5 - 1),由此才能更好地探讨侨界新生代参与行动的生成,该逻辑的运行需要历经以下三个阶段:

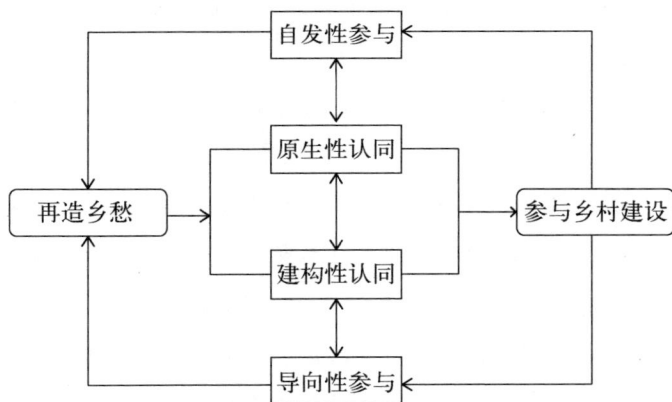

图 5 - 1　"认同—参与"生成逻辑图

首先,在国家与社会的互构下,进行再造乡愁,并用乡愁激活侨界新生代的认同,以此推动其参与建设。再造乡愁的过程实际上蕴含了再造认同的过程,一方面它可以激活源于个人固有情感中的原生性认同,另一方面亦可以再造源于特定文化情境的建构性认同,在认同的作用下,推动侨界新生代参与乡村建设。

其次,在侨界新生代对国家的反互构下,激活自身参与的能动作用。侨界新生代在国家与社会的推动下参与乡村建设,其能够对参与中的各个要素作出适当解释，从而选择不同的参与行为，即或是根据自己的个人情感、成长经历等选择自发性的个体参与，又或是根据自己的社会身份、价值观念等选择导向性的组织参与，在这两种参与过程中，又完成了乡愁的再生产与认同的再建构，进一步重塑了其与国家和社会的关系，亦推动了参与建设的持续性。

再而，"再造乡愁—激活认同—参与建设"三者间循环互构。三者在国家与社会相互建构和形塑下循环互构，侨界新生代参与行动的生成机制由此产生：于侨界新生代而言，其在再造乡愁的影响下，对家乡产生一定的认知、情感与行动，激发原生性认同或再造建构性认同，从而推动其参与到乡村建设当中，而他们又在这个参与的过程中，再造了乡愁，重塑了认同，继而又在这些认同的推动下继续甚至是更加积极地参与乡村建设；于其参与的过程而言，原生性认同与建构性认同同属于参与下的认同，自发性参与和导向性参与同属于认同下的参与，两者亦存在循环互构关系。

由此可知，乡愁对于乡村建设乃至乡村振兴而言，具有重要的纽带作用。通过再造乡愁所形成的建构性乡愁，以其认同的激活或建构吸引侨界新生代参与乡村建设的路径，是切实可行的。该路径亦可应用到对乡村缺乏认同感与归属感的新生代群体中，即通过国家与社会相互建构的形式，借助乡愁载体，形塑或重塑其对于乡村的认同感，从而推动参与乡村建设，以此推动实现乡村振兴。

总而言之，圣狮村在国家与社会的相互建构和形塑下，借助乡愁这一文化要素，通过再造乡愁这一方式，推动侨界新生代参与乡村建设的路径是成功的，这一互构下的参与路径对于推动我国现有的新生群体，参与到乡村建设中，亦具有普适性作用。

具体而言，在乡村建设与发展过程中，盘活在地资源是最基础，也是最关键的一个环节。再造的乡愁作为一种特殊的文化，其既可以是参与行动生成的内在动力，又可以是乡村建设的终极目标，前者为参与，后者为建设。通过再造乡愁来推动乡村建设,关键是要激活各类参与主体对乡村的认同,并在参与的过程中加固这类认同,形成相应的参与动力。因而,国家与社会互构下的认同,其建构来源不仅要包含乡村发展所能共享的利益,更要包含乡村本土的文化资源与历史记忆,前者是新生群体参与的直接动力,而后者才是推动新生群体持续参与乡村建设的关键要素。

然而,需要注意的是,再造乡愁虽然能推动新生群体参与乡村建设,但由于其面向的新生群体具有异质性特征,因而其对国家与社会建构的乡愁,可能会存在差异性甚至是互斥性,需要国家和社会在这一互构过程中,始终保持客观的态度,尤其是具有引导作用的国家。与推动侨界新生代参与乡村建设一样,建构的乡愁所能激发的认同,应当是能引起该参与主体共鸣的,其应在共性的基础之上,调整相对应的认同要素,只有因地制宜,将当地特色文化作为重要的联结点,以文化认同凝聚内生动力,增强乡村文化共同体意识,才能更好推动新生群体参与乡村建设,也由此更好地发挥乡愁的推动效力。

第六章　总结

为乡村建设铸魂是实现乡村振兴的重点。除了破解乡村经济发展难题之外,乡村文化振兴更应该被关注。在实现农业农村的现代化中"记得住乡愁",既是社会文明之要,也是个人精神之需。这关涉乡村振兴的初心、灵魂和方向。因此,以乡愁情结为核心的乡村文化振兴成为乡村振兴战略中的铸魂工程。不过,我们还应从多维度去解读现代乡愁:首先,乡愁是一种资源。一方面,乡愁具有一定的经济价值。在乡村产业振兴方面,乡愁为乡村特色产业发展特别是乡村旅游业的发展,注入了新动能。另一方面,乡愁还具备一定的治理价值。在推动新乡贤返乡方面,乡愁发挥了重要动员作用。正是基于故土情结,离乡农民才会不断地重返家乡,参与乡村治理。同时,乡村传统又具有教化培育功能,可以为个体建立规范性的行为准则。这对实现乡村的有效治理发挥了推动作用。其次,乡愁是一种传统。农耕文明是中华优秀传统文化的根,农耕文化是中华民族共同的乡愁基因。可见,乡愁是乡村的灵魂,是中国人的血脉,是民族的根基。作为乡村的传统记忆,乡愁是一种精神力量,进一步推动乡村共有精神家园的建设。从该意义上来看,乡愁已经成为中国农村社会的历史底色。最后,乡愁更是一种价值观。在城乡二元结构下,伴随我国工业化和城镇化飞速发展,我国农村传统特质也发生了变化。特别是在现代化多元观念冲击下,农村传统习俗弱化,亲情淡漠、金钱至上的价值观念使文化和知识得不到尊重,文化断层、知识匮乏、价值扭曲、情感淡漠。因此,乡愁作为一种价值观,是对农村发展现代化进程的深刻反思。综上,在乡村振兴的背景下,现代乡愁的内涵呈现了多维度、多层次的特点。

如何把乡村建成人们向往的地方才是乡村振兴的根本落脚点。从根本上来说,乡村振兴的关键是人。以"留住乡愁""融入乡愁""形塑乡愁""再造乡愁"为主要内容的乡愁理论与实践研究,关注的焦点依然是人的问题。在实践层面,在农业农村现代化过程中,始终存在"城市优于农村"的预设,直接导致城市成为乡村振兴的模板。这种以"去乡村化"为特征的农业农村现代化模式,忽视了乡村的差异性、地域性以及农民的自主性。在农业农村现代化中,在保持乡村原有底色的基础上,"留下乡愁"成为乡村振兴的关键。基于此,现代乡愁推进乡村振兴的理论逻辑为:一是以乡愁为情感纽带,吸纳离乡农民返乡,增强离乡农民参与乡村振兴的积极性与主动性。二是依靠乡愁维护传统伦理体系,重建乡村内生性秩序,为乡村振兴建立自治与德治的秩序基础。三是凭借乡愁的联结机制,活化历史文化记忆,拓展农村公共文化空间,提高治理体系韧性。由此,在乡村振兴过程中,应坚持农民的主体地位,从保护与传承传统文化入手,着重构建乡村共同体,并建立长效保障机制,以此"留下乡愁",最终将乡愁转化为乡村振兴的内在驱动力。

然而,在现代乡愁推动乡村振兴的实践过程中,还应注意二者关系的复杂性。在理论层面,现代乡愁在助力乡村振兴过程中发挥了积极作用;而在实践层面,应避免出现乡愁干扰乡村振兴理念和行动的出现。一方面,摒弃在乡村振兴实践中的复古主义倾向。现代乡愁推动乡村振兴不是充满浪漫主义色彩的实践,简单地将农村恢复到过去,大拆大建,再造理想中的故乡,而忽视社会历史变迁的规律。另一方面,又要克服未来主义给乡村振兴实践带来的消极影响。现代乡愁助推的乡村振兴不是抛弃历史,割裂农业农村现代化过程中历史与未来、传统与现代的关联。由此可以看出,发挥现代乡愁在乡村振兴中的作用,不是简单地虚妄想象,而是在尊重历史的前提下,正视乡愁的时代价值。总之,由现代乡愁推动的乡村振兴,应遵循乡村的社会传统、发展逻辑以及生态规律,注重保留乡村特性和历史底色,寻求城乡之间、传统与现代之间、理论与实践之间的平衡与接续。

参考文献

一、著作类

1. 马克思恩格斯选集(1—4卷).北京:人民出版社,2012

2. 马克思恩格斯全集(第1卷).北京:人民出版社,2009

3. 马克思恩格斯全集(第30卷).北京:人民出版社,1995

4. 马克思恩格斯全集(第42卷).北京:人民出版社,1979

5. 德意志意识形态.北京:人民出版社,2018

6. 共产党宣言.北京:人民出版社,2014

7. 习近平.习近平谈治国理政(第一卷).北京:外文出版社,2018

8. 习近平.习近平谈治国理政(第二卷).北京:外文出版社,2017

9. 习近平.习近平谈治国理政(第三卷).北京:外文出版社,2020

10. 习近平.摆脱贫困.福州:福建人民出版社,1992

11. 习近平关于"三农"工作论述摘编.北京:中央文献出版社,2019

12. 习近平.习近平在福建(上、下).北京:中共中央党校出版社,2021

13. 习近平.习近平在福州.北京:中共中央党校出版社,2020

14. 习近平.关于社会主义文化建设论述摘编.北京:中央文献出版社,2017

15. 习近平.关于全面建成小康社会论述摘编.北京:中央文献出版社,2016

16. 习近平.关于社会主义生态文明建设论述摘编.北京:中央文献出版社,2017

17. 习近平.关于社会主义社会建设论述摘编.北京:中央文献出版社,2017

18. 习近平.关于全面深化改革论述摘编.北京:中央文献出版社,2014

19. 十八大以来重要文献选编(上、中、下).北京:中央文献出版社,2014

20. 论坚持全面深化改革.北京:中央文献出版社,2018

21. 习近平在正定.北京：中共中央党校出版社,2019

22. 刘明清.理想与乡愁：一个理想主义者的省思与夙愿.北京：光明日报出版社,2022 年版

23. 陈锡文主编.走中国特色社会主义乡村振兴道路.北京：中国社会科学出版社,2019

24. 徐勇.城乡差别的中国政治.北京：中国社会科学出版社,2019

25. 费孝通.文化与文化自觉.北京：群言出版社,2016

26. 费孝通.乡土中国.北京：人民出版社,2008

27. 邹广文.乡愁的文化表达.哈尔滨：黑龙江教育出版社,2015

28. 亢宁梅.乡愁与现代性的冲突与重构.上海：上海三联书店,2021

29. 阮清华,姜进.城恋乡愁：二十世纪中国的城乡关系史.北京：社会科学文献出版社,2021

30. 胡川安,郭婷,郭忠豪.乡愁的滋味.北京：商务印书馆,2021

31. 禹建湘.中国现代化与文学乡愁.北京：中国社会科学出版社,2021

32. 叶一剑.乡愁里的中国.北京：中国商业出版社,2012

33. 卢建红.乡愁与认同：现代中国作家的故乡书写.北京：生活·读书·新知三联书店,2020

34. 高小刚.乡愁以外：北美华人写作中的故国想象.北京：人民文学出版社,2006

35. 李彦姝.乡愁的辩证法：知青作家的城乡经验及其文学书写.北京：中国社会科学出版社,2018

36. 乡愁·中国编委会.乡愁·中国（卷肆:汉、英）.北京：北京出版社,2016

37. 王晖.何处炊烟寄乡愁：传统村落及其旅游开发路径研究.北京：中国社会出版社,2021

38. 汪瑞霞.从乡愁到乡建：江南村镇的文化记忆与景观设计.北京：商务印书馆,2021

39. 曹山明,苏静.中国传统村落与文化兴盛之路.南京：江苏科学技术出版社,2021

40. 刘守英,程国强等.中国乡村振兴之路——理论、制度与政策.北京：科学出版社,2021

41. 赵静蓉.怀旧：永恒的文化乡愁.北京：商务印书馆,2009

42. 李明华.风中的乡愁.北京：中国社会出版社,2015

43. 罗荣渠.现代化新论：世界与中国的现代化进程.北京：商务印书馆,2004

44. 人民日报理论部.中国式现代化北京：东方出版社,2021

45. 魏后凯,杜志雄,苑鹏,崔红志,于法稳编.中国农村发展报告：面向 2035 年的农业农村现代化.北京：中国社会科学出版社,2021

46．林东林.身体的乡愁.南京:译林出版社,2022

47．廖晓义.怎解乡愁:乡村振兴的乐和实验.上海:东方出版社,2022

48．[美]斯维特兰娜·博伊姆.怀旧的未来.杨德友译.南京:译林出版社,2010

49．[美]费正清.美国与中国.张理京译.北京:世界知识出版社,1999

50．[英]安东尼·吉登斯.现代性的后果.田禾译.南京:译林出版社,2011

51．[美]刘易斯·芒福德.城市发展史——起源、演变和前景.宋俊岭、倪文彦译.北京:中国建筑出版社,2005

二、期刊论文类

1．郑文武,刘培林."留住乡愁"的传统村落数字化保护.《江西社会科学》2016年第10期

2．林倩倩,赵巧艳."内""外"表达:桂林龙脊梯田景区乡愁意识的建构与重塑.《广西民族研究》2020年第2期

3．陈超."乡愁"的当代阐释与意蕴嬗变——中国当代文学乡土情结的心态寻踪.《当代文坛》2011年第2期

4．李蕾蕾."乡愁"的理论化与乡土中国和城市中国的文化遗产保护.《北京联合大学学报(人文社会科学版)》2015年第4期

5．周兵."乡愁文化"与新型城镇化.《学术探索》2015年第4期

6．成志芬,周尚意,张宝秀."乡愁"研究的文化地理学视角北京联合大学学报(人文社会科学版)2015年第4期

7．任映红,梅长青.城市化进程中村落传统文脉的承继与延续.《浙江社会科学》2014年第12期

8．刘爱华.城镇化语境下的"乡愁"安放与民俗文化保护,《民俗研究》2016年第6期

9．张松梅,王洪兵.明清之际知识精英的乡土回归与秩序重构.《东岳论丛》,2021年第4期

10．曹立,石以涛.乡村文化振兴内涵及其价值探析.《南京农业大学学报(社会科学版)》2021年第6期

11．汪芳,孙瑞敏.传统村落的集体记忆研究——对纪录片<记住乡愁>进行内容分析为例.《地理研究》2015年第12期

12．王彬,向茂甫.从"返乡"到"在乡":基于乡愁的乡村教育观念反思.《中国教育学刊》2019年第3期

13．黄振华,陈梓清.记得住乡愁:乡村振兴的路径选择——基于云南大理的实践与思考.《党政研究》2022年第2期

14．张钢仁,李林竹,包玉泽.心理所有权和乡愁视角下产地对地理标志产品溢

价支付意愿的影响路径研究.《华中农业大学学报(社会科学版)》2022 年第 2 期

15. 武志伟.地方性与现代性的和解路径探析.《济南大学学报(社会科学版)》2022 年第 1 期

16. 刘磊."留住乡愁"的伦理意蕴.《宁波大学学报(教育科学版)》2022 年第 1 期

17. 种海峰.当代中国文化乡愁的历史生产与现实消弭.《天府新论》2008 年第 4 期

18. 魏嵘.地域景观中的文化乡愁——大陆新民谣叙事性研究.《兰州学科》2016 年第 11 期

19. 王杰.革命与乡愁:文化记忆与中国审美现代性的情感结构.《北京电影学院学报》2018 年第 3 期

20. 罗正浩,吴永发.构筑文化共同体:城镇空间创作中的"记住乡愁".《江西社会科学》2020 年第 11 期

21. 周尚意.关于"乡愁"的空间道德和地方道德评价.《人文地理》2015 年第 6 期

22. 王新歌,陈田,林明水,王首琨.国内外乡愁相关研究进展及启示.《人文地理》2018 年第 5 期

23. 曾鹰,曾丹东,曾天雄.后乡土语境下新乡村共同体重构.《湖南科技大学学报(社会科学版)》2017 年第 1 期

24. 叶强谭,怡恬,张森.寄托乡愁的中国乡建模式解析与路径探索.《地理研究》2015 年第 7 期

25. 杨晓曦.价值认同视角下乡愁对乡村振兴的路径规训.《湖北民族学院学报(哲学社会科学版)》2019 年第 6 期

26. 张军,陈朵苹.民族地区城镇化"乡愁"的保留与旅游业的良性互动.《西北民族大学学报(哲学社会科学版)》2016 年第 1 期

27. 李文峰,姜佳将.老区与新乡:乡村振兴战略下的文化传承与反哺——以浙江余姚梁弄镇革命老区为例.《浙江社会科学》2018 年第 9 期

28. 苏萌.历史经验与"乡愁"——论安克斯密特的后现代历史经验理论.《史学理论研究》2018 年第 1 期

29. 路璐,李嫣红.留住乡愁:记忆理论视域下特色村镇保护与发展研究.《中国农史》2018 年第 1 期

30. 汪芳,吕舟,张兵,张松,董卫,刘沛林,黄震方,吴必虎,陆邵明,徐菲菲,甄峰.迁移中的记忆与乡愁:城乡记忆的演变机制和空间逻辑.《地理研究》2017 年第 1 期

31. 唐亚林.区域中国:乡愁和城愁的交融与舒解——兼与李昌平、贺雪峰、熊万胜商榷.《探索与争鸣》2018 年第 2 期

32．种海峰.全球化境遇中的文化乡愁.《河南师范大学学报（哲学社会科学版）》2018 年第 2 期

33．郭海红.日本城市化进程中乡愁的能动性研究.《山东大学学报（哲学社会科学版）》2015 年第 3 期

34．周仲谋.西部乡土变迁与"在地者"乡愁的诗意影像呈现——论李睿珺的乡土电影创作.《北京社会科学》2018 年第 12 期

35．张丽娟.生态乡愁：一个现代性的伦理问题.《理论导刊》2017 年第 11 期

36．廖高会.时间维度下乡愁意蕴的嬗变与叠加.《理论月刊》2019 年第 12 期

37．胡小武.市场理性与文化乡愁：乡村振兴战略中的青年镜像与群体心态.《中国青年研究》2019 年第 9 期

38．陶成涛.文化乡愁：文化记忆的情感维度.《中州学刊》2015 年第 7 期

39．刘淑兰.文化自信视阈下乡愁重构的困境及制度设计.《科学社会主义》2018 年第 4 期

40．王宁.勿让农村成为"消费"的乡愁.《人民论坛》2019 年第 18 期

41．黄杨.现代乡愁社会思潮影响下的中国文化建设.《探索》2011 年第 1 期

42．耿波.乡愁传统与中国新型城镇化建设中的乡愁本义《.中国名城》2015 年第 6 期

43．陆绍明.乡愁的时空意象及其对城镇人文复兴的启示.《现代城市研究》2016 年第 8 期

44．郑欣,赵呈晨.乡愁的守望：新生代农民工集体记忆与城市适应研究.《河南社会科学》2015 年第 9 期

45．宋颖.乡愁情怀的多诉求视听语言表达——以国家重点工程百集大型纪录片＜记住乡愁＞中对赫哲族的表现为例.《民族艺术研究》2015 年第 4 期

46．张劲松.乡愁生根：发展不平衡不充分背景下中西部乡村振兴的实现.《江苏社会科学》2018 年第 2 期

47．王杰.乡愁乌托邦：乌托邦的中国形式及其审美表达.《探索与争鸣》2016 年第 11 期

48．王鹏.信仰与乡愁：历史人类学视域下的东南亚郑和清真寺与华人穆斯林.《东南亚研究》2019 年第 4 期

49．赵旭东.乡愁中国的两种表达及其文化转型之路——新时代乡村文化振兴路径和模式研究.《西北师大学报（社会科学版）》2019 年第 3 期

50．冉光仙.乡村道德报偿社会生态的退化、返本与修复——兼析新生代农民工的"伦理乡愁".《贵州社会科学》2016 年第 12 期

51．沈一兵.乡村振兴中的文化危机及其文化自信的重构——基于文化社会学的视角.《学术界》2018 年第 10 期

52．欧阳宏生,胡畔.乡土历史与现实的传播使命——论当下乡土纪录片的认知

传播作用与缺失.《现代传播》2016 年第 1 期

53. 孙璐,汪江萍.新型城乡关系下"乡愁"的空间要义.《现代城市研究》2017 年第 10 期

54. 刘天曌,刘沛林,王良健.新型城镇化背景下的古村镇保护与旅游发展路径选择——以萱洲古镇为例.《地理研究》2019 年第 1 期

55. 李枝秀.新型城镇化建设中"乡愁符号"的保护与传承.《江西社会科学》2014 年第 9 期

56. 刘沛林.新型城镇化建设中"留住乡愁"的理论与实践探索.《地理研究》2015 年第 7 期

57. 林剑.也谈乡愁:记住抑或化解.《学术研究》2017 年第 7 期

58. 卢建红.作为文化认同途径的乡愁书写.《理论视野》2013 年第 7 期

59. 唐国建,赵缇.游离于城乡之间:新生代农民工生活方式选择的个案研究——以小链岛海洋渔民为例.《中国青年研究》2017 年第 11 期

60. 许经勇,黄爱东.寓生态文明建设于美丽乡村建设之中.《福建论坛(人文社会科学版)》2014 年第 8 期

61. 赵定东,张慧.政策推力、乡愁抑或城市性缺场——就地城镇化中农民生活方式变革影响因素分析.《社会科学战线》2017 年第 4 期

62. 强乃社.中国城市特性:话语、乡愁与传统乡村建设.《华中科技大学学报(社会科学版)》2021 年第 6 期

63. 韩喜平,王一.中国城镇化融入乡愁情愫之论析.《学术交流》2014 年第 9 期

64. 陈耘,陈凯佳,赵富强,张秋红,胡伟.中国情境下乡愁的影响效果与影响因素.《中国人力资源开发》2019 年第 4 期

65. 赵李娜.中国乡愁文化的历史脉络与现实依归.云南师范大学学报(哲学社会科学版)》2019 年第 3 期

66. 李志刚,梁奇,林赛南.转型期中国大城市流动人口的身份认同、特征与机制.《地理科学》2020 年第 1 期

67. 张海超.祖籍、记忆与群体认同的变迁——大理白族古代家谱的历史人类学释读.《北方民族大学学报(哲学社会科学版)》2011 年第 1 期

68. 武志伟.地方性与现代性的和解路径探析.《济南大学学报(社会科学版)》2022 年第 1 期

69. 徐雅倩,王刚."流动"的乡情:农民流动性、收入公平感与乡村地方依恋.《西南民族大学学报(人文社会科学版)》2021 年第 11 期

70. 李琦,闫志成.中国传统文化类节目的乡愁叙事及其意义生成.《湖南师范大学社会科学学报》,2022 年第 1 期

71. 周洁、高小康.侨文化:后全球时代的乡愁共同体.《江苏行政学院学报》2022 年第 2 期

72．任剑涛．克制乡村治理中的浪漫主义冲动．《湖北民族大学学报(哲学社会科学版)》2020 年第 1 期

73．邱星,董帅兵．新时代的乡愁与乡村振兴．《西北农林科技大学学报(人文社会科学版)》2022 年第 3 期

74．汪倩倩．后乡土社会孝道嬗变的现实图景与形成机理．《南京农业大学学报(社会科学版)》2022 年第 3 期

75．傅琼,郭岩．新时代乡土文化自信重构路径研究．《长白学刊》2022 年第 3 期

76．李华胤．习近平关于乡愁重要论述的核心要义与现实价值．《中国农村观察》2022 年第 3 期

77．贺仲明．乡土文学与乡村现代变迁．《人民论坛》2022 年第 6 期

78．唐俊,徐祖祥．空间表征与象征秩序:桂西南壮族乡村治理中传统文化的现代价值重塑．《云南民族大学学报(哲学社会科学版)》2022 年第 2 期

79．蔡健,郭欣琪．农地转出对象熟人化:"乡土社会的情感依赖"还是"不完全信息的有限理性"．《中国农业大学学报》2022 年第 3 期

80．焦长权．从乡土中国到城乡中国:上半程与下半程．《中国农业大学学报(社会科学版)》2022 年第 2 期

81．叶康宁．一个乡建者的乡愁——汪瑞霞〈从乡愁到乡建:江南村镇的文化记忆与景观设计〉读后感．《南京林业大学学报(人文社会科学版)》2022 年第 1 期

82．李海云．"礼治复兴":中国乡村社会中的共享传统及其现代重构．《南京农业大学学报(社会科学版)》2022 年第 3 期

后　记

"留得住绿水青山，记得住乡愁"。

近些年，乡村振兴是学界热门话题，尤其是随着国家乡村振兴战略的实施，农村发生了日新月异的变化，基础设施不断更新，公共服务不断完善，农村现代化进程不断加快，致使乡村原有生活场景被现代化、一致性的生活方式所取代。但外部推动性的乡村振兴也带来农村人口流失、城乡阶层分化、身份认同危机等社会问题，使得村庄原有治理格局被打破，乡村物质文明脱离于精神文明，这不得不引起我们的反思与警醒。

在乡村振兴的过程中，如何走出一条符合农村实际，遵循乡村自身发展规律的道路是重中之重。而"乡愁"作为一种新的治理资源，重新唤起人们参与村庄治理的积极性，成为新时代乡村振兴的重要内生动力，进一步推动了农业农村现代化的进程。

为了更好地挖掘乡愁的多种功能，不断激活现代乡愁的内在价值，我课题组在广东、浙江、湖北、安徽等地农村开展了大量的实地调查，力求对乡村振兴中的现代乡愁进行理论解读与实践检视。当然，调研并非一帆风顺，有同学一头扎进人生地不熟的大山之中，也有同学孤身一人来到离家千里的异土他乡，才使得课题组搜集到大量的一手资料，为本书写作打下坚实基础。

我必须感谢陈锦霞、徐彦君、朱蓬瑞、刘静妍、蓝锦澜、高乾业等同学，是他们深入田间，扎根田野，深度参与本书的第二、三、四、五章的材料搜集、整理及部分文字撰写工作。

我特别感谢郑凯元、陈炳轩、董鲁星、朱杰、蔡曦等同学，在校对初稿、核对引文方面帮助许多。

我还要感谢出版社的编辑，在本书的审核、校对方面做了大量工作。

由于个人水平有限，书中可能有较多不当之处，请读者诸君批评指正。

2022 年 8 月于云南大理